Akupressur

Gerhard Leibold

AKUPRESSUR

FALKEN
TaschenBuch

Von Gerhard Leibold sind bei FALKEN bereits zahlreiche Titel erschienen. Bitte fragen Sie danach in Ihrer Buchhandlung.

Zum Thema Naturheilkunde ist außerdem die Videokassette »Fußreflexzonen-Massage« erhältlich.
(VHS, Spieldauer ca. 60 Minuten, in Farbe, mit Broschüre, Nr. 6136)

Unser Beitrag zum Umweltschutz:
Papier aus chlorfrei gebleichtem Zellstoff

Die Deutsche Bibliothek – CIP-Einheitsaufnahme

Leibold, Gerhard:
Akupressur / Gerhard Leibold. – Niedernhausen/Ts. : FALKEN TaschenBuch Verl., 1995
(FALKEN TaschenBuch)
ISBN 3-635-60005-9

Oktober 1995
ISBN 3 635 60005 9

Umschlaggestaltung: Zembsch' Werkstatt, München
Titelbild: FALKEN Archiv/W. Zöltsch
Redaktion: Uwe Meilahn
Zeichnungen: Gerhard Scholz, Dornburg
Satz/Litho: DM-SERVICE Mahncke & Pollmeier oHG, Rodgau
Druck: Konkordia Druck GmbH, Bühl/Baden

Die Ratschläge in diesem Buch sind vom Autor und vom Verlag sorgfältig erwogen und geprüft, dennoch kann eine Garantie nicht übernommen werden. Eine Haftung des Autors bzw. des Verlags und seiner Beauftragten für Personen-, Sach- und Vermögensschäden ist ausgeschlossen.

817 2635 4453 6271

Inhalt

Vorwort

Trotz amerikanischer »Ping-Pong-Diplomatie«, trotz wirtschaftlicher Beziehungen zwischen dem Westen und der chinesischen Volksrepublik, trotz der Reisemöglichkeiten ins »Reich der Mitte« – der chinesische Kulturkreis ist für die meisten Europäer ein Buch mit sieben Siegeln geblieben, fremdartig und ein wenig bedrohlich.
Eine der Schwierigkeiten bei dem Versuch, die chinesische Gedankenwelt zu verstehen, ist sicher die »chinesische Mauer« der über 44 000 komplizierten, oft mehrdeutigen Schriftzeichen. Ohnehin kann die chinesische Gedankenwelt dem Europäer nur schwer verständlich gemacht werden – die zweite, mindestens ebenso hohe Barriere. Wir Europäer stehen der Natur »gegenüber«, beherrschen sie mit unserem technischen Wissen, benutzen ihre Kräfte und beuten ihre Schätze aus. Das traditionelle Verhältnis der Menschen des asiatischen Kulturkreises unterscheidet sich davon grundsätzlich. Sie versuchen, mit der Natur in Einklang zu leben, ihren Lebensrhythmus harmonisch anzupassen. Diese Grundhaltung betont das Verbindende mit der Umwelt; abendländisches Denken hebt das Trennende hervor.
Während es für europäisches Denken kennzeichnend ist, das Einfache zu komplizieren, ist die Vereinfachung des Komplizierten typisch für die asiatischen Denker. Bescheiden lehren sie die »Weisheit des lächelnden Lebens«, bestimmt von Schlichtheit, Güte, Toleranz und Ehrfurcht vor der Schöpfung. Diese Eigenschaften sind uns fremd geworden. »Ellbogen« gelten mehr als Toleranz und Güte; schlichte, einfache Lebensführung wird mit fehlendem Erfolg gleichgesetzt, Ehrfurcht vor der Schöpfung mußte hemmungslosem Raubbau weichen. Es ist bezeichnend für diese falsche Lebenseinstellung, daß trotz Wohlstands und nie zuvor gekannten Komforts die Zahl der seelisch Kranken bei uns ständig zunimmt, Glück, Zufriedenheit und Selbstverwirklichung selten geworden sind. Voraussetzung für das Verständnis chinesischer Heilkunde ist, daß wir nicht herablassend, sondern frei von Mißtrauen und Vorurteilen versuchen, uns in die asiatische Gedankenwelt einzuleben.
In diesem Sinne will dieses Buch auch Anregungen und Hilfe bei der Suche nach einer gesunden seelischen Einstellung zu sich selbst und zur Mitwelt geben.

Wissenschaftliche Theorien zur chinesischen Punktbehandlung

Obwohl namhafte Histologen, Neurologen, Chirurgen und Vertreter anderer medizinischer Fachgebiete zahlreiche Experimente und Untersuchungen durchführten, kann der Wirkungsmechanismus von Akupunktur und Akupressur heute noch nicht naturwissenschaftlich exakt erklärt werden.

Keine der Untersuchungen kann aber bestreiten, daß Akupunktur und Akupressur tatsächlich wirksam sind und nicht selten überraschende Heilerfolge auch dort ermöglichen, wo europäische Medizin nur lindern kann oder resignieren muß.

Auch die chinesische Medizin bietet keine beweisbare, naturwissenschaftlich exakte Erklärung im Sinne europäischer Ansprüche. Vielmehr geht sie davon aus, daß in anatomisch nicht – oder noch nicht – nachweisbaren Energiebahnen, den Meridianen, Energie im Körper zirkuliert. Den Beweis dafür leiten chinesische Ärzte aus ihrer praktischen Erfahrung ab: Durch Beeinflussung der Punkte werden Phänomene ausgelöst, die nur durch die Annahme einer in solchen Meridianen strömenden Energie zu erklären sind.

Eine tragende wissenschaftliche Meinung ist bei uns noch nicht erkennbar, alle Theorien bleiben mehr oder weniger unvollständig und unbefriedigend. Am ehesten kann man noch die neuraltherapeutische Erklärung akzeptieren, eine Therapieform, die von der Schulmedizin noch nicht allgemein anerkannt wird. Die *Neuraltherapie* beruht auf der Erkenntnis der *Neuralpathologie,* daß dem Nervensystem im Krankheitsgeschehen eine überragende Bedeutung zukommt. Grundsätzlich gehört jede Behandlung durch Beeinflussung des vegetativen Nervensystems zur Neuraltherapie. Im engeren Sinn versteht man darunter die Störfeldsuche und die Segmenttherapie.

Störfelder sind krankhaft veränderte Zonen im Körper, die selbst symptomarm oder ganz beschwerdefrei bleiben können, an anderer Stelle im Organismus aber Krankheitsprozesse auslösen oder fördern. Bekannt und allgemein anerkannt ist beispielsweise, daß vereiterte Zähne oder chronisch entzündete Mandeln Rheumatismus, Herz- und Nierenleiden verursachen können. Neben solchen lokalen Ansammlungen von Krankheitserregern bilden auch abgestorbene körpereigene Elemente (tote Zähne) und Operations-, Impf- oder andere Narben Störfelder. Wenn man ein solches Störfeld saniert, also die Erreger durch Antibiotika abtötet, den Herd operativ ausräumt oder ein

Lokalanästhetikum wie Procain injiziert, kommt es zur Fernwirkung auf die durch den Herd verursachten Krankheitserscheinungen an anderen Körperstellen. Bekannt ist das »Sekundenphänomen« nach Injektion von Procain: Unmittelbar nach der Injektion verschwinden Schmerzzustände in anderen Körpergebieten für mindestens zwanzig Stunden, manchmal auch dauernd. Ähnliche Wirkungen werden auch bei Akupressur beobachtet.
Der Mensch ist entwicklungsgeschichtlich segmental angelegt, ähnlich wie ein Wurm, bei dem sich ein Glied ans andere fügt. Später verflechten sich die einzelnen Abschnitte und sind kaum mehr als Segmente zu unterscheiden. Nur bei der Wirbelsäule, der Haut und dem vegetativen Nervensystem bleibt die ursprüngliche Gliederung weitgehend erhalten. Auf dieser Erkenntnis basiert die *Segmenttherapie*. Jedes Hautsegment entspricht entwicklungsgeschichtlich einem ganz bestimmten Organ. Durch Massage oder Injektion von Lokalanästhetika oder Reizkörpern wird über das Hautsegment auf die entsprechenden inneren Organe eingewirkt. Die Hautzonen mit ihren Organentsprechungen sind ebenso bekannt wie die Akupunktur- und Akupressurpunkte. Bei Erkrankungen der zugehörigen Organe können sie schmerz- oder druckempfindlich werden, ein Phänomen, das wir auch bei manchen chinesischen Punkten kennen. Deshalb lag es nahe, ähnliche reflektorische Wirkungen auch bei der Akupunktur und Akupressur zu vermuten. Umgekehrt ist es ebenso denkbar, daß die Neuraltherapie nur ein Teilgebiet der chinesischen Punktbehandlung darstellt, eine Annahme, die allerdings noch nicht untersucht wurde.
Exakte Beweise für die Zusammenhänge zwischen Neuraltherapie und chinesischer Punkttherapie fehlen; eine Reihe von Erscheinungen, die bei der Akupunktur und Akupressur auftreten, können durch neuraltherapeutische Vorgänge nicht erklärt werden.
Vor allem Neurologen vermuten, daß das zentrale Nervensystem wesentlich an den Wirkungen der Punktbehandlung beteiligt ist. Dafür spricht, daß die Sinneskörperchen für Wärme-, Kälte- und Tastsinn an den chinesischen Punkten teils vermehrt, teils vermindert nachzuweisen sind. Gewichtigstes Gegenargument: Wenn die Nadeln bei der Akupunktur direkt in den Nerv gestochen würden, müßten Empfindungsstörungen und Lähmungserscheinungen im Versorgungsbereich dieses Nervs auftreten. Solche tage- und wochenlang andauernden Störungen sind regelmäßig nach Akupunktur *nicht* zu beobachten. Außerdem bestehen keine erkennbaren Beziehungen zwischen Meridianverläufen und Nervenbahnen. Wenn auch noch nicht geklärt ist, welche Bedeutung der Anhäufung oder Verringerung der Sinneskörperchen an den Punkten zukommt,

so kann doch ein direkter Zusammenhang zwischen dem zentralen Nervensystem und der chinesischen Punktbehandlung mit ziemlicher Sicherheit ausgeschlossen werden.

Nach unserem heutigen Wissen kann unter den genannten und den vielen ungenannten Theorien zur Erklärung der chinesischen Punktbehandlung allenfalls die neuraltherapeutische Theorie einigen Anspruch auf Glaubwürdigkeit erheben. Nur die chinesische Energie- und Elementenlehre vermag das gesamte Wirkungsspektrum ausreichend zu erklären. Zwar kann sie mit heutigen Methoden wissenschaftlich exakt noch nicht bewiesen werden, andererseits ist aber auch ein schlüssiger Gegenbeweis nicht möglich.

Vertrauen wir deshalb den Erfahrungen aus Jahrtausenden und begnügen uns vorerst mit der Einsicht der Chinesen: Wer heilt, hat recht!

Krankheitsentstehung und Diagnose aus der Sicht der chinesischen Heilkunde

Die chinesische Medizin versteht den Menschen als eine kleine, geschlossene Einheit, die harmonisch ins große Energiegefüge des Makrokosmos eingebettet ist.

Dieses Bild vom Menschen als Ganzheit, als Mikrokosmos im Makrokosmos, wird allein dem Menschen gerecht, umfaßt alle seine Teile, Fähigkeiten und Beziehungen. Dennoch ist diese Betrachtung uns Europäern fremd.

Es fällt uns schwer, den Menschen als Teil eines großen, harmonischen Ganzen zu akzeptieren, neigen wir doch eher dazu, dieses natürliche Gleichgewicht zu stören, unsere Umwelt zu beherrschen und auszubeuten.

Entstehung von Krankheiten

Krankheiten entstehen nach chinesischer Lehrmeinung, wenn das Energiegleichgewicht im menschlichen Meridiansystem gestört wird. Die Ursachen solcher Störungen können im Menschen selbst liegen, zum Beispiel bei falscher Ernährung, Lebensführung gegen die »innere Uhr« (Schichtarbeit), angeborener Energieschwäche oder seelischen Störungen. Krankheiten entstehen aber auch durch Einflüsse von außen, wenn krankheitserregende Umweltenergien ins Meridiansystem eindringen.

Ein einfaches Beispiel aus der Praxis jedes Allgemeinmediziners soll den grundsätzlichen Unterschied zwischen westlicher und chinesischer Heilkunde veranschaulichen: die Erkältung.

Schnupfen und Husten, die häufigsten Symptome der Erkältung, bedeuten für den westlichen Mediziner eine isolierte Krankheitserscheinung im Bereich der oberen Atemwege, hervorgerufen durch verminderte Abwehrkraft gegen Kranheitserreger infolge der reaktiven Mangeldurchblutung nach Zugluft und Nässe. Ziel westlicher Therapie ist es, die entzündeten Schleimhäute zu beruhigen und abschwellen zu lassen, die Verschleimung der Atemwege zu lösen und die Erreger zu bekämpfen. Durch diese Maßnahmen stellt der Arzt den lokalen Gesundheitszustand wieder her. Nicht erkannt und behandelt wird die eigentliche Ursache der Erkrankung.

Zugluft, naßkalte Witterung, Krankheitserreger, allen diesen Krankheitsfaktoren ist jeder von uns ausgesetzt. Wären dies die eigent-

lichen Ursachen der Erkältung, dann müßte jeder erkranken. Wir alle wissen aber aus eigener Erfahrung, daß manche Menschen gegen Erkältungen weitgehend immun sind, während andere regelmäßig mit Beginn der kalten Jahreszeit »heimgesucht« werden. Chinesische Ärzte betrachten die Erkältung als Folge der Umweltenergien Wind, Kälte und Nässe, die ins Meridiansystem des Organismus eindrangen. Nur der energiestarke, energetisch ausgeglichene Körper kann ihnen widerstehen, der energieschwache Mensch erkrankt. Deshalb sediert der Akupunkturarzt nicht nur die eingedrungene Krankheitsenergie. Er sucht gleichzeitig nach der Ursache der Energieschwäche, stellt das Energiegleichgewicht wieder her und harmonisiert Energieströmungen in den Meridianpaaren. Dazu gehört aber auch, daß Ernährung und Lebensführung des Patienten unter die Lupe genommen werden. Ernährt der Kranke sich richtig? Führt er ein Leben im gesunden Wechsel zwischen Arbeit und Erholung? Schließlich wird der Akupunkturarzt auch die sozialen Beziehungen und die psychologische Situation des Patienten durchleuchten. Ist er »verschnupft«, wurde er also krank durch vermeintliche oder tatsächliche Kränkung? Die gestörten Energiezonen des Körpers sind bei dieser Ganzheitstherapie nur von sekundärer Bedeutung als Hinweis auf die gestörte energetische Harmonie im Organismus.
Diese umfassende Diagnose und Therapie ermöglicht eine Heilung, die nicht nur lokale und zeitlich begrenzte Linderung bedeutet, sondern auch optimalen Schutz vor erneuter Erkrankung bietet.

Krankheitsfördernde Umweltenergien

Tragischste Folge der Luftverschmutzung in den Großstädten und industriellen Ballungszentren sind die Smog-Todesfälle, die bei Okklusionswetterlagen mit Windstille und hoher Luftfeuchtigkeit regelmäßig zu beklagen sind. Abgesehen von solchen drastischen Auswirkungen ungünstiger Wetterverhältnisse ist es eine durch statistische Untersuchungen belegte Erfahrung, daß das Wetter unser Wohlbefinden und unsere Leistungsfähigkeit beeinflußt, latente Krankheiten zum Ausbruch bringt und den Verlauf bestehender Leiden verschlimmert. Viele Menschen leiden unter bestimmten Wetterlagen, manche spüren jede Wetterveränderung Stunden bis Tage im voraus.
Noch herrscht keine Einigkeit über die wirklichen Ursachen des *Meteorotropismus.*
Chinesische Medizin versteht die Wetterempfindlichkeit als Folge einer Energieschwäche. Gewöhnlich werden die Umweltenergien bei intakter Abwehrfähigkeit aufgefangen, erst bei geschwächter Körperabwehr können sie ins

Meridiansystem eindringen. In ausgewogenem Verhältnis sind die kosmischen Energien lebensnotwendig.

Ohne Feuchtigkeit beispielsweise ist – zumindest auf der Erde – kein Leben denkbar. Wer aber mit nassen Füßen im kalten Regen steht, ist einem Übermaß an Nässe und Kälte ausgesetzt und kann sich eine Erkältung holen. Auch die Umweltenergie Wärme ist lebensnotwendig, ein Übermaß aber führt zu Verbrennungen, zuviel Sonnenbestrahlung ruft Sonnenbrand oder Hitzschlag hervor.

Die chinesische Energielehre unterscheidet die fünf kosmischen Energien Wärme und Kälte, Nässe, Trockenheit und Wind. Sie treten einzeln und gemischt auf, zum Beispiel als nasse Kälte oder trockene Wärme, als kalter, feuchter oder trockenheißer Wind.

Jede der fünf Energien wird einer bestimmten Jahreszeit wie folgt zugeordnet:

Jahreszeit	Kosmische Energie
Winter	Kälte
Sommer – Hochsommer	Wärme
Sommer – Spätsommer	Nässe
Herbst	Trockenheit
Frühjahr	Wind

Herrscht eine Energie in einer Jahreszeit vor, der sie nach dieser Einteilung nicht entspricht, dann wirkt sie eher krankheitserregend als in der ihr gemäßen Jahreszeit, da die Abwehrlage des menschlichen Organismus sich nach den Verhältnissen der einzelnen Jahreszeiten richtet. Deshalb ruft naßkalte Witterung im Hochsommer eher Erkrankungen hervor als im späten Herbst, in dem naßkaltes Wetter üblich ist.

Nach ihrer Beweglichkeit und Wärme teilt man die kosmischen Energien in Yang und Inn ein. Nässe und Kälte sind träge Energien, also Inn, Wind, Wärme und Trockenheit als bewegliche Energien dagegen sind Yang.

▶ *Kälte* gehört zu den langsamen Inn-Energien, ihre Jahreszeit ist naturgemäß der Winter. Immer dringt sie von den Füßen her ins Meridiansystem ein und erzeugt zunächst Schwellungen (Ödeme) in der Knöchelgegend, ehe sie im Meridiansystem weiter aufsteigt. Die westliche Medizin bestätigt den Zusammenhang zwischen kalten Füßen und Knöchelödemen. Auch bei uns gelten kalte Füße als wichtige Ursache vieler Kältekrankheiten, etwa der Erkältung mit Schnupfen oder auch der Nieren-Blasen-Entzündung.

Kälte kann allein oder vermischt mit Nässe, Trockenheit oder Wind auftreten.

▶ *Wärme* ist eine bewegliche Yang-Energie, die dem Sommer als der gewöhnlich wärmsten Jahreszeit entspricht. Oberflächlich eingedrungene Wärme erzeugt den Sonnenbrand, tiefer vorgedrungen ruft sie typische Wärmekrankheiten wie Sonnenstich, Hitzschlag und Fieber hervor. Die Wärme kann den Körper stark austrocknen und bis zum Delirium führen. Diese Zusammenhänge kennt die europäische Medizin zum Beispiel beim Durstfieber oder Fieberdelirium. Wärme tritt allein oder mit Trockenheit, Wind und Nässe vermischt auf. Während Kälte in den wärmeren Jahreszeiten eher Erkrankungen verursacht, führt mildes Wetter im Winter häufiger zur Krankheit. Es wurde nachgewiesen, daß die Gefahr einer Erkältung im Winter bei strenger Kälte geringer ist als bei höheren Temperaturen, die der Jahreszeit nicht entsprechen.

▶ *Nässe* ist eine sehr schwerfällige Inn-Energie, die dem Spätsommer entspricht. Sie kann praktisch nur zusammen mit dem Wind als Transportmittel in unser Meridiansystem eindringen. Wegen dieser Trägheit gelangt die Nässe nicht tief ins Energiesystem, sondern setzt sich bald fest, bevorzugt an den Gelenken. Hier ruft sie Schwellungen, Schmerzen und Beweglichkeitseinbußen hervor. Als schwer bewegliche Energie kann die Nässe oft nicht vollständig ausgeleitet (sediert) werden und erzeugt chronische Krankheiten wie Gelenkrheumatismus. Nässe tritt vermischt mit Wind, Kälte oder Wärme auf.

▶ *Trockenheit* ist die bewegliche Yang-Energie des Herbstes. Entsprechend der Erfahrung, daß ausgetrocknete Schleimhäute besonders krankheitsanfällig sind, erzeugt sie vor allem Entzündungen im Bereich der Atemwege wie trockene, verstopfte Nase, Husten, Heiserkeit, Bronchitis und Lungenerkrankungen, oft zusammen mit Fieber und Durst auftretend. Manchmal ist auch die Stuhlverstopfung eine Folge der Trockenheit. Besonders krankheitserregend wirkt Trockenheit im frühen, noch zu warmen Herbst oder bei kühlem windigem Wetter im späten Herbst.

▶ *Wind-Energie* ist die beweglichste und schnellste der fünf Umweltenergien und erzeugt deshalb die meisten Erkrankungen. Als Yang-Energie entspricht der Wind dem Frühjahr. Eintrittspforten der Wind-Energie sind Meridianpunkte im Rachen, am Hinterkopf und an den Wangen. Wegen seiner Beweglichkeit kann der Wind tief ins Meridiansystem bis zu den inneren Organen vordringen. Oberflächlich eingedrungene Wind-Energie ruft in der Umgebung der Eintrittsstelle lokale Schmerzzustände und Lähmungserscheinungen hervor. Wenn der Wind in tiefere Leitungsbahnen gelangt, sind Kopfschmerzen, Muskel- und Sehnenverspannungen in Nacken und Rücken oder rheumatische Beschwerden die Folge. Sobald die Wind-Energie den Hauptmeridian erreicht, treten Fieber, Schüttelfrost, Grippe, Entzündungen der oberen Atemwege und Erkältungen auf. Schließlich kann der Wind über den Hauptmeridian das Organ erreichen und beispielsweise eine Lungenentzündung hervorrufen. Wind-Energie tritt auch vermischt mit Kälte, Wärme, Trockenheit oder Nässe auf.

Für alle fünf Umweltenergien gilt: Sie dringen zuerst in Nebenleitungen ein und sind dann noch recht einfach zu sedieren, also wieder auszuleiten. Je tiefer eine Umweltenergie im Energiekreislauf vorgedrungen ist, desto schwieriger wird es, sie wieder auszuscheiden.

Innere und seelische Krankheitsursachen

Eine Wissenschaft, die den Menschen als Teil des Kosmos versteht und annimmt, daß zwischen ihm und seiner Umwelt Wechselbeziehungen bestehen, muß auch diese Relationen erforschen und beschreiben. Dies geschieht in der *Lehre von den Fünf Elementen,* einer Grundlage chinesischer Medizin. In dieser Elementenlehre wird exakt angegeben, welche Beziehungen zwischen Elementen, kosmischen Vorgängen, Organsystemen, Körperzonen, Energien und Eigenschaften bestehen. Besonders zur Diagnose und Therapie ist die Kenntnis dieser Entsprechungen unerläßlich notwendig. Nur wer die Beziehungen beispielsweise zwischen Jahreszeiten, Energien und Organen kennt, vermag zu diagnostizieren, welches Organ von einer der Jahreszeit nicht entsprechenden kosmischen Energie bedroht wird.

Die Elementenlehre unterscheidet die fünf Elemente Wasser, Feuer, Erde, Metall und Holz.

- Dem Element *Wasser* entspricht die Umweltenergie Kälte, also steht es in Beziehung zum Winter. Wasser erzeugt Holz und hemmt Feuer. Ihm gehören das Speicherorgan Niere und das Hohlorgan Blase an, außerdem steht es in Verbindung zu den Knochen und zum Sinnesorgan Ohr. Der zugehörige Geschmack ist salzig, die Farbe schwarz, das Gefühl die Angst.
- Das Element *Feuer* entspricht der Wärmeenergie und somit dem Sommer. Unterschieden wird das Kaiserliche Feuer mit den Organen Herz und Dünndarm und das Sekundäre oder Ministerielle Feuer mit dem Kreislauf- und Dreierwärmerorgan. Ferner gehören ihm die Zunge und die Blutgefäße an. Weitere Beziehungen bestehen zur Freude, zur roten Farbe und zum bitteren Geschmack. Feuer erzeugt nach der Elementenlehre die Erde und hemmt das Element Metall.
- Dem Element *Erde* entsprechen die Nässe und der Spätsommer.

Erde hemmt Wasser und stimuliert Metall. Beziehungen bestehen zu Milz, Magen, Fleisch (Körpergewebe) und Mund. Süßer Geschmack und gelbe Farbe sind andere Entsprechungen der Erde, aus der Gefühlsskala werden ihr die Sorgen zugerechnet.

- Das Element *Metall* produziert Wasser und hemmt Holz. Es entspricht dem Herbst und seiner Energie, der Trockenheit. Inn-Organ ist die Lunge, Yang-Organ der Dickdarm, Sinnesorgan die Nase. Schließlich bestehen Relationen zu Haut, Haaren, pikantem Geschmack, weißer Farbe und dem Gefühl der Trauer.
- Letztes Element ist *Holz,* das der Windenergie und damit dem Frühling entspricht. Es erzeugt Feuer und hemmt Erde. Ihm gehören Leber, Gallenblase, Muskulatur und das Sinnesorgan Auge an. Der zugehörige Geschmack ist sauer, die Farbe grün, das entsprechende Gefühl die Wut.

In diesem System der Elemente treffen wir erstmals die Inn-Yang-Organpaare, deren Hauptmeridiane ebenfalls zusammengehören. Sie bilden die wichtigen homologen Meridianpaare, die durch Querverbindungen, die Transversalen, miteinander verbunden sind. Diese Querbahnen ziehen jeweils vom Lo-Punkt des einen zum Iünn-Punkt des anderen Hauptmeridians. Bei der Besprechung der Hauptmeridiane wird die Bedeutung dieser Verbindungen genauer erläutert werden.

Die für innere Krankheiten und seelische Krankheitsursachen wichtigen Entsprechungen zeigt nochmals die folgende Zusammenfassung:

Elemente	Organe	Gefühle	Farben	Energien	Geschmack
Wasser	Niere-Blase	Angst	schwarz	Kälte	salzig
Kaiserliches Feuer	Herz-Dünndarm	Freude	rot	Wärme	bitter
Sekundär-Feuer	Kreislauf-Drei Erwärm.	Freude	rot	Wärme	bitter
Erde	Milz-Magen	Sorgen	gelb	Nässe	süß
Metall	Lunge-Dickdarm	Trauer	weiß	Trockenheit	pikant
Holz	Leber-Gallenblase	Wut	grün	Wind	sauer

Die Einflüsse der Umweltenergien auf den Organismus haben wir schon untersucht.

Innere Erkrankungen entstehen durch krankheitserregende Faktoren im Menschen selbst, also durch Nahrung und durch seelische Störungen.

Die einzelnen Zusammenhänge sind nur durch die Entsprechungen nach der Elementenlehre zu erklären. Daraus leitet die chinesische Medizin ab, warum welche Art von *Nahrung* welchen Organen schadet.

- Zu *salzige* Nahrung ist demnach schädlich für das Ausscheidungssystem. Diesen Zusammenhang erkennt auch die europäische Medizin an: Ohne Kochsalzzufuhr sind die Nieren nicht in der Lage, die anfallenden Stoffwechselschlacken zu eliminieren, zuviel Kochsalz hält Wasser im Organismus zurück und bewirkt Wassersucht.
- Das Herz-Kreislauf-System wird nach der Elementenlehre von zu *bitterer* Nahrung in Mitleidenschaft gezogen.
- Viele Magenkranke können bestätigen, daß zu *süße* Nahrung Magenbeschwerden verursacht. Süßigkeiten sind häufig Ursache des Sodbrennens und sollten von den Betroffenen gemieden werden.
- Sehr *pikante,* also scharf gewürzte Nahrung ist nach der Elementenlehre schädlich für Lunge und Dickdarm.
- Zu *saure* Nahrung ruft Leber- und Gallenblasenbeschwerden hervor.

Auch Krankheiten aus *psychischen Ursachen* erklärt die chinesische Heilkunde durch die Beziehungen nach der Elementenlehre.

- *Angst* schadet demnach dem Ausscheidungssystem, vor allem den Nieren. Nach der chinesischen Lehre entsprechen die Nieren dem Element Wasser, das die Feuerenergie des Herzens kontrolliert, ein auch physikalisch verständlicher, logischer Vorgang. Zu schwache Nierenenergie kann das Element Feuer nicht mehr ausreichend beeinflussen, die Feuerenergie strömt entsprechend dem Verlauf des Herz-Meridians am 1. Herzpunkt an der vorderen Brustwand über und ruft Atemnot, Beklemmungen und Angstzustände hervor. Bezeichnend für die Zusammenhänge zwischen Angst und den Harnorganen ist auch die Erfahrung, daß Angstzustände bei Kindern und Erwachsenen zum Bettnässen führen können.
- *Freude* als Krankheitsursache ist zunächst schwer vorstellbar. Tatsächlich wissen wir aber, daß beispielsweise das Wiedersehen mit einem lange nicht mehr getroffenen, vielleicht sogar als tot geltenden Menschen oder eine unerwartet freudige Nachricht ein Versagen der Kreislaufregulation mit Ohnmacht, Schock, ja sogar einen Herzinfarkt auslösen kann. Solche Erfahrungen bestätigen die Beziehungen zwischen Herz und Kreislaufsystem und der Freude nach der Elementenlehre.
- Auch der medizinische Laie wird *Sorgen* als Ursache von

Krankheiten anerkennen. Nach der Elementenlehre »schlagen sie auf den Magen«. Medizinische Erfahrung lehrt, daß alle Geschwüre am Magen und Zwölffingerdarm zumindest seelisch mitverursacht werden, oft sind sie die Folge übermächtiger, bedrückender Sorgen. Erstaunlich daran ist nur, daß die chinesische Medizin um diese Wechselwirkungen schon seit Jahrtausenden weiß, während sie für europäische Mediziner noch vergleichsweise neu sind.

- *Trauer* schadet nach der Elementenlehre den Lungen. Diese Entsprechung bestätigt die Erfahrung westlicher Medizin, wonach Lungenkranke zu Depressionen neigen. Das andere der Trauer entsprechende Organ ist der Dickdarm. Auch hier bestätigt die Erfahrung europäischer Heilkunde die Beziehungen nach der Elementenlehre: Depressionen sind oft vergesellschaftet mit Stuhlverstopfung.
- Menschen, die zu Wutanfällen neigen, bezeichnet man als Choleriker, abgleitet von *chole,* dem medizinischen Fachausdruck für Galle. Der Volksmund spricht davon, daß einem »die Galle überläuft«. Auch hier finden wir bestätigt, was die Entsprechungen der Elementenlehre aufzeigen: *Wut* schwächt Leber und Galle, Gallensteine oder Gelbsucht können die Folge eines cholerischen Temperaments sein.

Wenn die chinesische Medizin auch oft von uns fremden Voraussetzungen ausgeht, so kommt sie doch meist zu Ergebnissen, die mit Erfahrungen und Erkenntnissen europäischer Heilkunde in Einklang zu bringen sind.

Die chinesische Diagnostik

Die Untersuchungsmethoden der chinesischen Medizin unterscheiden sich nicht grundlegend von der klassischen Diagnose europäischer Ärzte, sie beruhen auf der Beurteilung der Vorgeschichte *(Anamnese)* und Wahrnehmungen, welche die Sinne dem Arzt bei der Untersuchung vermitteln. Da die chinesische Heilkunde den Menschen aber als energetische Einheit behandeln will und Krankheiten nicht als lokale Erscheinungen, sondern als globale Energiestörungen versteht, muß sie die Ergebnisse ihrer Untersuchungen teilweise anders auswerten und interpretieren.

Im Gespräch mit dem Patienten will der Arzt nicht nur die Anamnese und Beschwerden möglichst genau erfahren, vielmehr wird er auch versuchen, sich einen Eindruck von der Persönlichkeit des Kranken, seinen Lebensumständen, Gewohnheiten, Neigungen, Problemen und Konflikten zu verschaffen. Da diese umfassende Diagnose nur dem Fachmann möglich ist, muß im Rahmen dieses Buches nicht weiter darauf eingegangen werden.

Die Energielehre als Grundlage der Punktbehandlung

Aus dem Zusammenwirken der *Ursubstanzen Inn und Yang* entsteht alle Energie und alles Leben. Das Urprinzip, ein naturwissenschaftlich nicht erklärbarer Begriff der chinesischen Naturphilosophie, bewegt sich und erzeugt das Yang. Wenn diese Bewegung zur Ruhe kommt, folgt die Stille des Inn.

Yang in Yang ist Feuer, Inn in Inn ist Wasser, Yang in Inn ergibt Metall, Inn in Yang schließlich ist Holz.

Die Erde hält sich in der Mitte und beherrscht die vier Himmelsrichtungen. Reines Inn hat seinen Sitz im Norden; es ruft Kälte hervor und erzeugt Wasser. Im Süden herrscht reines Yang und erzeugt Wärme und Feuer. Im Osten gerät Yang in Bewegung, wobei Wind und Holz produziert werden, im Westen hält Inn an, sammelt sich und verursacht Trockenheit, aus der Metall entsteht. In der Mitte vermischen sich Inn und Yang, stimulieren Feuchtigkeit und erzeugen die Erde.

Yang hat Bewußtsein, aber keine Gestalt, Inn hat Gestalt ohne Bewußtsein. Deshalb benutzt das körperlose Yang das Inn als Gefäß. Inn allein ist ohne Tätigkeit, es wird erst durch Yang bewegt. Die Geschöpfe leben, solange Inn und Yang vereint sind, bei der Trennung dieser Ursubstanzen steigt Yang zum Kosmos auf, Inn bleibt als tote Materie zurück.

Yang und Inn stehen in dauernder Wechselbeziehung: Yang belebt Inn, das belebte und tätige Inn bringt Yang hervor und ermöglicht so erst den Fortbestand des Lebens. Verständlicher ausgedrückt bedeutet das: Aus dem Kosmos strömt Energie zur Erde und belebt sie. Lebende Materie erzeugt selbst Energie, um sich am Leben zu erhalten, eine Funktion von Verdauung, Stoffwechsel und Atmung. Dies ist die Grundlage der chinesischen Physiologie (Lehre vom Körper und seinen normalen Lebensvorgängen). Im Prinzip entspricht das dem abendländischen Verständnis vom Zusammenwirken von Leib (Inn) und Seele (Yang).

Belebtes kann niemals ausschließlich Inn oder Yang sein, die Zuordnung ist immer relativ, abhängig von der jeweiligen Perspektive. Aus globaler Sicht ist der Mann beispielsweise Yang, die Frau ist Inn. Der Rumpf aber ist bei beiden Inn. Am Rumpf wiederum unterscheidet man Inn auf der rechten und Yang auf der linken Seite, den Rücken als Yang, Brust und Bauch als Inn-Gebiete.

Körpereigene Energien

Elementare Energie des menschlichen Körpers ist die *ancestrale* oder *Erbenergie,* ohne die kein Leben möglich ist. Jeder Mensch verfügt von Geburt an über ein mehr oder minder großes Potential an Erbenergie, das nicht aufgestockt werden kann.

Die Erbenergie ist am besten als Lebenskraft oder Vitalität im Sinne europäischer Medizin zu verstehen, also als die individuelle körperlich-seelische Widerstandsfähigkeit gegen widrige Umwelteinflüsse. Sind solche negativen Einwirkungen zu stark, oder ist der interne Energiehaushalt gestört, dann verringert sich das ancestrale Energiepotential. Deshalb sind ältere, kranke oder unter Dauerstreß stehende Menschen gewöhnlich weniger vital und widerstandsfähig. Wenn die Erbenergie erst einmal aufgebraucht ist, kehrt das belebende Yang zum Kosmos zurück, der Mensch stirbt. Erbenergie zirkuliert im gesamten Meridiansystem, vor allem auch in den Wundermeridianen, über die sie die Wunderorgane versorgt.

Im Dreierwärmerorgan am Magen wird Energie aus Nahrung erzeugt. Dabei entstehen verschiedene Formen körpereigener Energie.

Nährenergie hat die Aufgabe, alle Organe und Gewebe zu versorgen und dadurch ihre Funktionsfähigkeit zu gewährleisten. In den Lungen vermischt sie sich mit der kosmischen *Atemenergie.* Diese Mischung tritt am 1. Lungenpunkt an der seitlichen vorderen Brustwand ins Meridiansystem ein. Entsprechend ihrer Funktion bewegt sich die Nährenergie vorwiegend in den Haupt-(Organ-)meridianen. Auch das Blut wird am Erwärmerorgan gebildet. Dazu vermischt sich Nährenergie mit organischen Flüssigkeiten. Die Nährenergie bewegt das Blut, damit es im Gefäßsystem zirkulieren kann.

Die Zusammenhänge zwischen Blut und Energiezustand eines Menschen bestätigen auch die Erfahrungen westlicher Mediziner. Ein typisches Beispiel für die energetische Bedeutung des Blutes ist die Blutarmut, zu deren typischen Symptomen abnorme Müdigkeit und Abwehrschwäche gehören, beides Zeichen der Energiearmut im Sinne chinesischer Heilkunde. Auch die Bedeutung der Nährenergie für das Blut ist nachgewiesen: Manche Formen der Anämie sind die Folge gestörter Aufnahme *(Resorption)* von Nahrungsbestandteilen, etwa des Vitamins B_{12}, dessen Mangel die früher tödliche perniziöse Anämie hervorruft.

Schließlich entsteht auch die *Abwehrenergie* aus der Umsetzung der Nahrung in Energie am Dreierwärmerorgan. Es ist bekannt, daß der Ernährungszustand eines Menschen seine Abwehrfähigkeit wesentlich mitbestimmt; Unterernährung oder falsche Kost führen ebenso wie Blutarmut zur erhöhten Krankheitsanfälligkeit. Im Gegensatz zur Nährenergie zirkuliert die Abwehrenergie vorwiegend in oberflächlichen Meridianen, um Krankheitsenergie der Umwelt sofort bekämpfen zu können. Unterstützt wird sie durch die Erbenergie.

Der Energiegenerator »Drei Erwärmer«

Das Dreierwärmerorgan ist ein aktives Organ, das mit der Umwelt in Verbindung steht und Energie erzeugt. Deshalb gehört es zur Gruppe der Hohl-(Yang-)Organe. Die drei Erwärmer befinden sich am Magen genau an den Stellen, wo nach den Erfahrungen der europäischen Medizin bevorzugt Magengeschwüre entstehen:

- *Oberer Erwärmer* mit Sitz am Mageneingang
- *Mittlerer Erwärmer* am Mittelteil des Magens
- *Unterer Erwärmer* am Magenausgang

Vom Unteren Erwärmer zieht eine Bahn durch den Dünn- und Dickdarm zu den Nieren, die als *Innerer Dreierwärmerkanal* bezeichnet wird. Die europäische Medizin kennt kein den Drei Erwärmern entsprechendes Organ. Der zerkaute, eingespeichelte Nahrungsbrei gelangt durch die Speiseröhre in den Magen und wird am Mittleren Erwärmer teilweise in Energie umgesetzt. Dabei entsteht reine und unreine Energie. Die reine Energie steigt zum Oberen Erwärmer auf, der sie an die Lungen weitergibt. Hier vermischt sich reine Nährenergie mit kosmischer Atemenergie und tritt am 1. Lungenpunkt ins Meridiansystem über.
Unreine, flüssige Energie strömt hinab zum Unteren Erwärmer und erreicht über den Inneren Kanal die Nieren. Dabei gibt sie Abfallstoffe zur Ausscheidung an die Därme ab. In den Nieren wird die Energie vollends gereinigt und die Flüssigkeit entzogen, die als Urin ausgeschieden wird.
Nach der Elementenlehre (Wasser = Nieren und erzeugt Holz = Leber) gelangt die gereinigte Energie zur Leber, die einen Teil an die Gallenblase abgibt. Diese Energie tritt in den Gallenblasenmeridian ein, steigt mit ihm zum äußeren Augenwinkel empor und kommt hier an die Oberfläche. Der Rest der gereinigten Energie strömt nach der Elementenlehre (Holz = Leber und erzeugt Feuer = Herz) über das Herz zum Dünndarm, folgt dem Dünndarmmeridian hinauf zum inneren Augenrand und tritt hier ebenfalls an die Oberfläche.
Die gereinigte Energie ist Abwehrenergie. Außerdem steuert sie den Schlaf-Wach-Rhythmus: Am Tage strömt mehr Energie in der Augengegend zur Oberfläche, die Augen werden dadurch geöffnet, nachts zieht sich die Energie in die Tiefe zurück, die Lider werden schwer, der Mensch schläft ein.

Anatomie der Energiemeridiane und Behandlungspunkte

In einem dem Blutkreislauf vergleichbaren geschlossenen System zirkuliert die Energie im menschlichen Körper. Die Energiegefäße werden als Meridiane (King Lo) bezeichnet, da sie wie die Längenkreise zur Einteilung der Erdkugel von einem Körperpol zum andern ziehen.

Die wichtigsten Energiebahnen sind die *zwölf Haupt- oder Organmeridiane,* die von je einem Hohl- oder Speicherorgan ausgehen, nach dem sie deshalb benannt werden.

Die Energieströmungen der Hohlorgane Magen, Dünn- und Dickdarm, Gallenblase, Harnblase und Drei Erwärmer sind *Yang,* da diese Organe mit der Umwelt in Verbindung stehen und aktiv Energie produzieren.

Die anderen sechs Hauptleitungen gehen von den Speicherorganen Lunge, Herz, Kreislauf (Herzbeutel), Milz, Leber und Nieren aus und sind *Inn*-Meridiane.

Insgesamt gesehen ist aber das ganze Meridiansystem Yang, da es im Vergleich zum Organsystem (Inn) oberflächlicher liegt.

Yang-Meridiane verbinden den Kopf mit den Händen oder Füßen, Inn-Meridiane strömen vom Brustkorb zu den oberen oder unteren Extremitäten. Alle Hauptmeridiane verlaufen symmetrisch auf der rechten und linken Körperseite. Neben der äußeren Bahn an der Körperoberfläche hat jeder dieser Meridiane eine innere Leitung, die zu dem Organ führt, nach dem er benannt wird.

Nach ihren gemeinsamen Funktionen faßt man die sechs Yang- und sechs Inn-Meridiane zu *sechs Meridianpaaren* zusammen:

- *Tae Yang,* gebildet vom Dünndarmmeridian, der von der Hand zum Kopf zieht, und vom Blasenmeridian, der Kopf und Fuß verbindet.
- *Tae Inn,* bestehend aus dem Milzmeridian, vom Kopf zur Brust ziehend, und dem Lungenmeridian, der von der Brust zur Hand verläuft.
- *Chao Yang,* gebildet vom Dreierwärmermeridian, der von der Hand zum Kopf strömt, und vom Gallenblasenmeridian, der den Kopf mit den unteren Extremitäten verbindet.
- *Chao Inn* mit dem vom Fuß zur Brust ziehenden Nierenmeridian und dem Herzmeridian, der von der Brust zur oberen Extremität zieht.
- *Yang Ming,* bestehend aus dem Dickdarmmeridian, der Hand und Kopf verbindet, und dem Magenmeridian, der vom Kopf zum Fuß strömt.
- *Tsüe Inn,* gebildet vom Lebermeridian, der vom Fuß zur Brust aufsteigt, und dem Kreislaufmeri-

dian, der die Brust mit der Hand verbindet.

Die drei Yang-Meridianpaare bilden die äußere Abwehrschale des Körpers, die drei Inn-Paare die innere Abwehrzone.

Tae Yang als äußerste Schicht stellt die Verbindung zur Umwelt her und wird zuerst von krankheitserregender Umweltenergie befallen. Nach innen folgen die Yang-Paare Chao Yang und Yang Ming. Die Inn-Zone steht durch das erste Meridianpaar Tae Inn in enger Verbindung mit dem Yang Ming. Zum Körperinnern öffnet sich das Chao Inn, die Vermittlung zwischen Tae Inn und Chao Inn übernimmt das mittlere Inn-Paar Tsiüe Inn.

Bei der Behandlung von Erkrankungen, die durch krankheitserregende Umweltenergien entstanden sind, muß zunächst immer untersucht werden, bis zu welcher dieser Abwehrschichten die Krankheitsenergie vorgedrungen ist. Erst dann kann diese Energie durch Punktur oder Pressur der Iünn- oder Lo-Punkte der betroffenen Meridianpaare sediert werden.

Die zwölf Hauptmeridiane reichen nicht aus, um alle Gewebe mit Energie zu versorgen. Daher kennt die chinesische Medizin noch *Nebenbahnen.* Außerdem wird angenommen, daß auch zwischen den Meridianen noch Energie strömt, da Gewebe ohne Energie nicht leben können.

Vom Lo-Punkt eines jeden Hauptmeridians führen Verbindungen zum Iünn-Punkt eines anderen Hauptmeridians, wobei jeweils ein Yang- mit einem Inn-Meridian gekoppelt wird. Diese Nebengefäße bezeichnet man als Transversalen (Querverbindungen).

An den Lo-Punkten beginnen auch die Longitudinalen (Längsverbindungen), die überwiegend dem äußeren und inneren Meridianverlauf folgen und zum meridianeigenen Organ führen. Eine Ausnahme bilden nur die Longitudinalen des Lungen- und Gallenblasenmeridians, die nicht zum Meridianorgan, sondern zum Dickdarm- und Lebermeridian führen.

Andere Nebenbahnen versorgen von den Hauptmeridianen aus die Muskeln und Sehnen mit Energie. Vervollständigt wird der Energiekreislauf durch die *Sondermeridiane,* welche in besonderen Strömungsgebieten an Händen, Füßen und zwischen Organen Inn-Yang-Koppelungen bilden.

Das Koordinationszentrum aller Seitenströmungen stellen zentrale Leitungsbahnen dar, die wegen ihres eigentümlichen Verlaufs im Vergleich zu anderen Energiebahnen als *Wundermeridiane* bezeichnet werden. In ihnen zirkuliert die nicht zu erneuernde, lebensnotwendige ancestrale Ur- oder Erbenergie. Sie versorgt die Wunderorgane, welche nach ihrer Funktion den Speicherorganen zuzurechnen sind, aber im Aufbau den Hohlorganen gleichen. Wunderorgane sind die Organsysteme Skelett, Blutzirkulation, Leber-Galle-System, Genitalien und das zentrale Nervensystem (bestehend aus Gehirn und Rückenmark).

Die einzelnen Hauptmeridiane

Dünndarmmeridian

Außenmeridian: Die Energiebahn beginnt im äußeren Nagelwinkel des kleinen Fingers. An der Außenseite des Arms zieht sie hinauf zur hinteren Achselhöhle, steigt im Zickzack über das Schulterblatt empor zum unteren Nackenansatz und umfließt ihn nach vorne zur Schlüsselbeingrube. Entlang der seitlichen Halsmuskulatur aufsteigend erreicht das Gefäß den Unterkiefer und teilt sich hier in zwei Äste. Ein Zweig führt zum inneren Augenwinkel, vereint sich dort mit dem Blasenmeridian und endet in der Mitte des Gesichts. Der zweite Ast leitet Energie zum äußeren Augenwinkel und endet seitlich hinten am vorderen Ohransatz.

Innenmeridian: Das innere Gefäß beginnt in der Schlüsselbeingrube und steigt durch Herz und Magen zum Dünndarm ab.

Lo-Gefäße: Der Lo-Punkt des Dünndarmmeridians befindet sich am unteren Viertel des Unterarms außen.

Die Longitudinale folgt vom Lo-Punkt aus zunächst dem Außenmeridian, weicht aber oberhalb des Ellbogens in Richtung zur äußeren Schulter davon ab. Sie um-

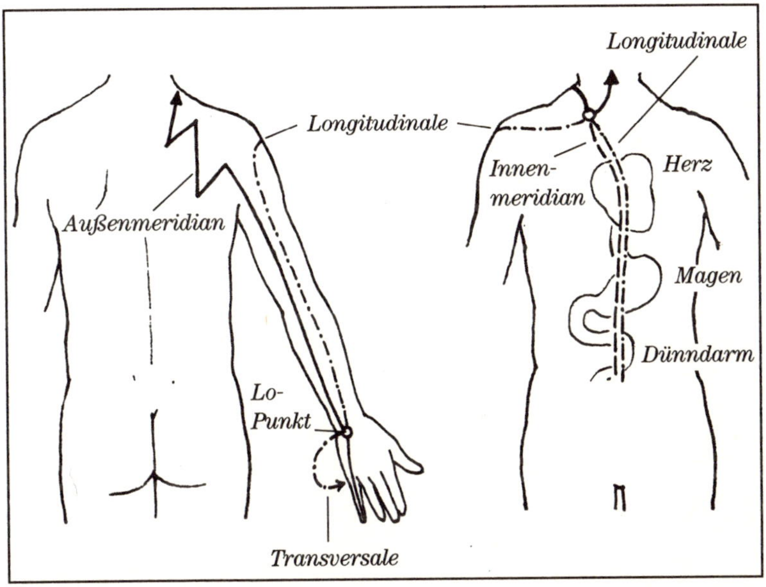

Abb. 1: Dünndarmmeridian

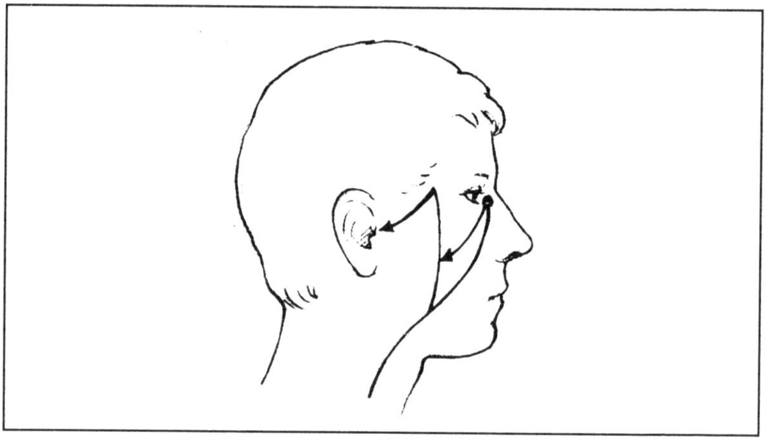

Abb. 2: Dünndarmmeridian am Kopf

rundet die Schulter nach vorne, gelangt zur Schlüsselbeingrube und steigt von hier aus parallel zum Innenmeridian zum Dünndarm ab.
Die Transversale führt vom Lo-Punkt um den Unterarm herum zum Iünn-Punkt des Herzens etwas oberhalb der vorderen Handgelenksfurche außen.

Blasenmeridian

Außenmeridian: Der Meridian beginnt am inneren Augenwinkel, wo er durch einen Zweig des Dünndarmmeridians Energie erhält. Über die Stirn steigt er zum Schädeldach empor, dringt dort ins Gehirn ein und kommt etwas tiefer am Scheitelbein wieder an die Oberfläche. Den Hals hinab zieht die Bahn zum Nackenansatz und teilt sich in zwei Äste. Ein Zweig folgt bis zum letzten Halswirbel der Wirbelsäule, weicht dann etwa vier Zentimeter nach rechts davon ab und zieht den Rücken abwärts zum Gesäß. Schräg nach innen oben führend nähert sich der Meridian wieder der Wirbelsäule, um dann über Gesäß und Oberschenkel die Kniekehle zu erreichen, wo er sich mit dem zweiten Ast wieder vereint. Dieser Zweig strömt innen am Schulterblatt vorbei über Rücken, Gesäß und Oberschenkel zum Vereinigungspunkt in der Kniekehle. Von hier aus zieht das äußere Gefäß die Wade hinab und um den äußeren Fußknöchel herum zur Außenseite des Fußes, um im äußeren Nagelwinkel der kleinen Zehe zu enden.
Innenmeridian: Am Scheitelbein dringen zwei Innenbahnen in den Schädel ein. Der eine Zweig verästelt sich im Gehirn und kommt weiter hinten wieder an die Oberfläche, der zweite Ast zieht im Schädelinnern zum Ohr hinunter.

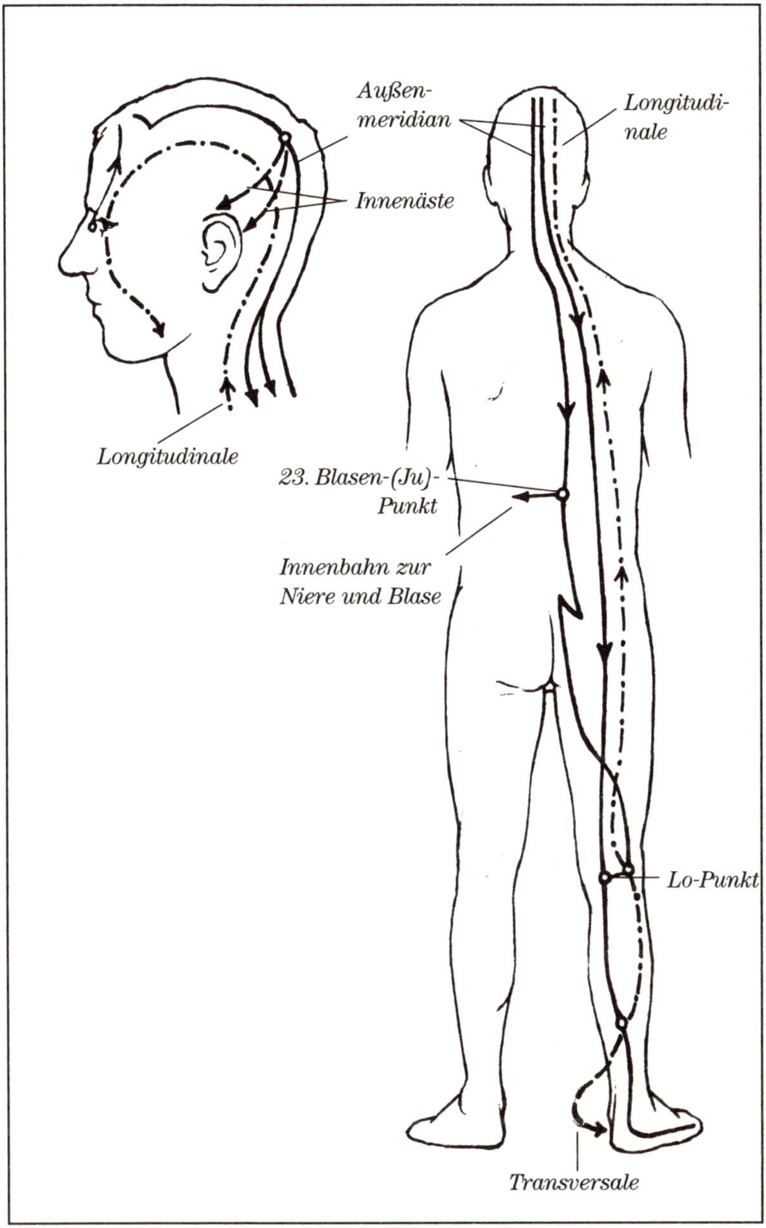

Abb. 3: Blasenmeridian

Beim zweiten Lendenwirbel zweigt vom Außenmeridian ein inneres Gefäß ab, das zunächst zur Niere führt und dann zur Harnblase absteigt.

Lo-Gefäße: Der Lo-Punkt des Blasenmeridians liegt im unteren Teil des Unterschenkels hinten.

Die Longitudinale zieht von hier aus parallel zum äußeren Ast des Außenmeridians hinauf zum Kopf. Über das Schädeldach nach vorne verlaufend erreicht sie den inneren Augenwinkel, um dann entlang des Nasenflügels zum Mund zu führen.

Die Transversale fließt vom Lo-Punkt um den Unterschenkel herum zum Iünn-Punkt der Niere am inneren Fußknöchel.

Dünndarm- und Blasenmeridian bilden das Meridianpaar Tae Yang.

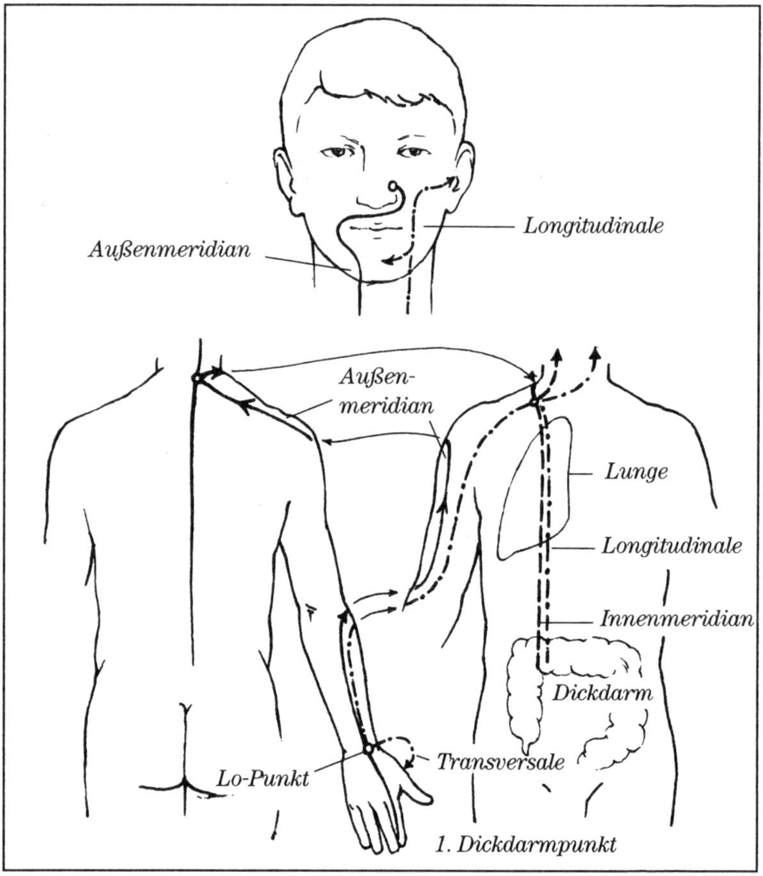

Abb. 4: Dickdarmmeridian

Dickdarmmeridian

Außenmeridian: Der äußere Verlauf beginnt am inneren Nagelwinkel des Zeigefingers und zieht den Arm hinauf zur Schulter. Dort biegt der Meridian quer nach innen zum letzten Halswirbel ab, führt schräg nach oben weiter zum Nackenansatz und umfließt ihn nach vorne zur Schlüsselbeingrube.
Der Halsmuskulatur folgend steigt das Gefäß zum Unterkiefer empor. Zwischen Nase und Oberlippe strömt die Energie zur Gegenseite, wo der Dickdarmmeridian im Nasenwinkel endet. Dort beginnt ein Nebengefäß, das neben der Nase zur Innenseite der Augenhöhle aufsteigt, um über das untere Lid den 1. Magenpunkt zu erreichen. Diese Verbindungsbahn versorgt den Magenmeridian mit Energie.
Innenmeridian: Aus der Schlüsselbeingrube zieht die innere Bahn durch die Lungen hinab zum Dickdarm.
Lo-Gefäße: Der Lo-Punkt des Dickdarmmeridians liegt in der unteren Hälfte des Vorderarms auf der Daumenseite.
Die Longitudinale folgt dem Außenmeridian bis zur Schlüsselbeingrube. Hier steigt ein Ast parallel zum inneren Verlauf über die Lunge zum Dickdarm ab. Der andere Zweig zieht zum Unterkiefer und verzweigt sich dort. Ein Gefäß versorgt das Kinn, die zweite Bahn führt über die Wange zum Ohr.
Die Transversale umfließt den Unterarm und endet im Iünn-Punkt der Lunge in der vorderen Handgelenksfurche innen.

Magenmeridian

Außenmeridian: Der Magenmeridian bezieht seine Energie über die beim Dickdarmmeridian beschriebene Nebenleitung, mit der er sich im 1. Magenpunkt trifft. Von dort zieht der Außenmeridian hinunter zum Unterkiefer. Während ein Nebengefäß vom Kieferwinkel zur Schläfe aufsteigt, erreicht der Hauptmeridian entlang der Halsmuskulatur die Schlüsselbeingrube. Hier weicht er etwas zur Seite ab und fließt dann entlang der Brustseite über die Brustwarze zum Bauch hinab. Schräg nach unten verlaufend nähert er sich auf der Bauchwand wieder der Körpermittellinie, fällt aber ohne sie zu erreichen nach unten zur Leiste senkrecht ab. Entlang der Vorderseite des Beins zieht er weiter zum Fußrücken, wobei er unterhalb des Knies der äußeren Schienbeinkante folgt. Über den Fußrücken führt der Hauptast zur zweiten Zehe und endet nahe beim Nagelwinkel, eine Nebenbahn erreicht die mittlere Zehe.
Innenmeridian: Die innere Bahn zieht von der Schlüsselbeingrube durch Magen und Bauchhöhle hinab zur Leiste, wo sie sich wieder mit dem Außenmeridian vereint. Am Magen zweigt eine Nebenleitung zur Milz ab.
Lo-Gefäße: Der Lo-Punkt des Magens befindet sich ungefähr auf halber Höhe des Schienbeins.

Die Longitudinale folgt etwa dem Außenmeridian bis zur Schlüsselbeingrube hinauf. Dann steigt sie seitlich am Hals zum Unterkiefer empor und vor dem Ohr vorbei weiter zum Schädeldach. Über das Stirnbein zieht sie hinab zur Nasenwurzel und kehrt über das Gehirn zum Hals zurück. Durch Verzweigungen im Schädel steht die Longitudinale mit anderen Meridianen in Verbindung.
Die Transversale fließt vom Lo-Punkt entlang der Außenseite des Unterschenkels hinunter zum Fußrücken und trifft an der Fußinnenseite nahe beim Großzehenballen auf den unteren Iünn-Punkt des Milzmeridians.
Dickdarm- und Magenmeridian ergeben das Meridianpaar Yang Ming.

Dreierwärmermeridian

Außenmeridian: Der Meridian beginnt am äußeren Nagelwinkel des Ringfingers. Über den Arm steigt er aufwärts zur hinteren Schulter, biegt dort nach vorne ab und endet in der Schlüsselbeingrube, wo am 12. Magenpunkt der Innenmeridian beginnt.
Am Nacken kommt eine Nebenbahn wieder an die Körperober-

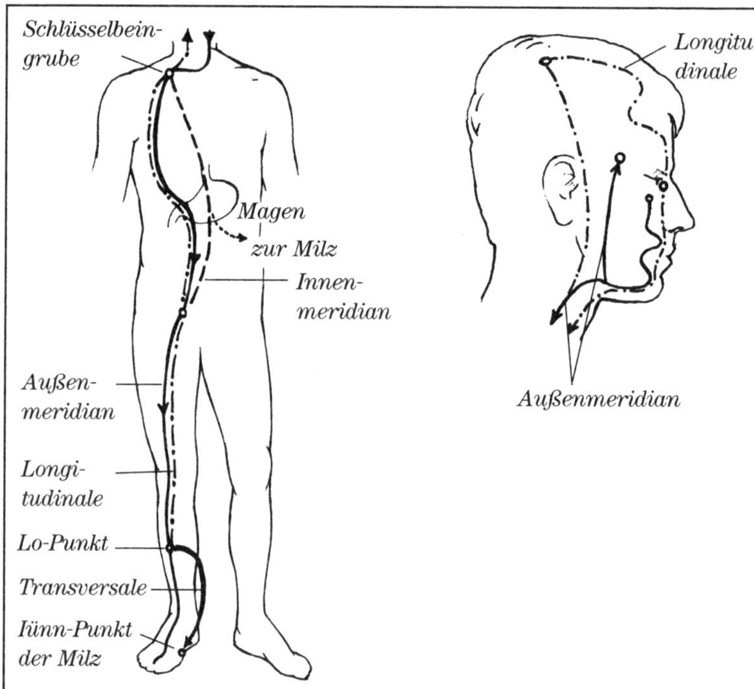

Abb. 5: Magenmeridian

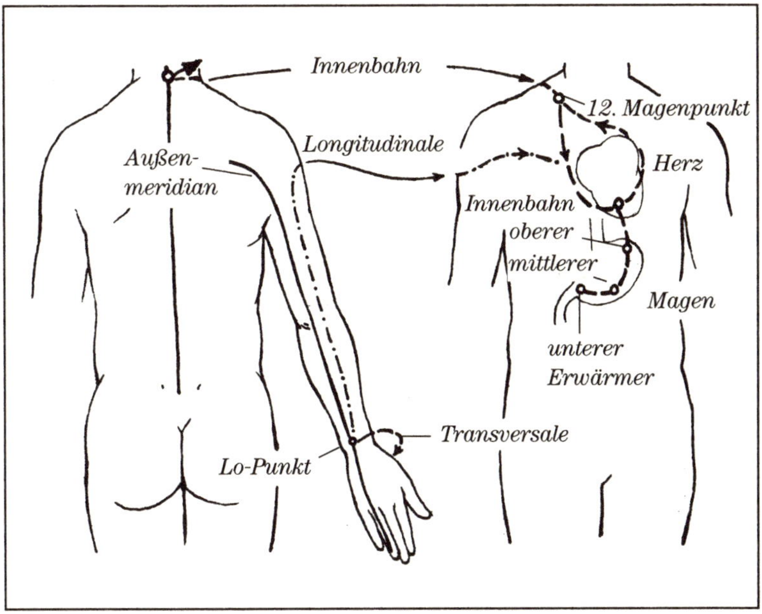

Abb. 6: Dreierwärmermeridian

fläche. Sie zieht nach vorne aufwärts hinter das Ohr, wo ein Innengefäß ins Ohr eindringt. Diese Innenleitung tritt vor dem Ohr wieder an die Oberfläche, fließt zum Kiefer hinab und strömt dann über die Wange nach oben zum Endpunkt beim äußeren Augenwinkel. Die erste Bahn umrundet oben das Ohr und steigt davor

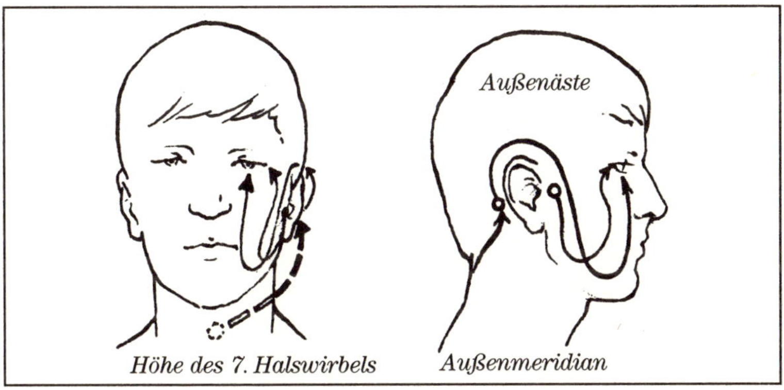

Abb. 7: Dreierwärmermeridian am Kopf

zum Unterkiefer ab. Wieder aufwärts führend endet sie am unteren Rand der Augenhöhle.
Innenmeridian: Das innere Hauptgefäß beginnt beim 12. Magenpunkt in der Schlüsselbeingrube. Durch den Herzbeutel zieht es abwärts zum Dreierwärmerorgan am Magen. Eine Nebenbahn kehrt beim Herzbeutel nach oben zur Schlüsselbeingrube zurück. Um den Halsansatz herum fließt sie zum letzten Halswirbel und tritt dort wieder an die Oberfläche. Das Gefäß ins Ohr wurde schon beim Außenmeridian beschrieben.
Lo-Gefäße: Der Lo-Punkt der Drei Erwärmer liegt oberhalb der Handgelenksfurche auf der Oberseite des Unterarms in der Mitte. Die Longitudinale steigt den Arm empor bis zur Schulteraußenseite, biegt dort zur Brustmitte ab und vereinigt sich nahe beim Herzbeutel mit dem Kreislaufmeridian. Die Transversale führt vom Lo-Punkt um das Daumengrundgelenk herum zum Iünn-Punkt des Kreislaufmeridians in der Mitte der Handgelenksfurche.

Gallenblasenmeridian

Außenmeridian: Die Energieleitung beginnt am äußeren Rand des Auges bei der Augenbraue, wo sie sich sofort in zwei Äste teilt. Ein Zweig fließt nach hinten bis vor das Ohr, umrundet es oben in zackiger Linie und führt dann hinter das Ohr zum Warzenfortsatz. Dort wendet sich der Meridian wieder nach oben und erreicht über die Schläfe das Schädeldach. Gemeinsam mit dem Blasenmeridian zieht er über Scheitel- und Hinterhauptsbein zum Nacken hinunter, bis er den untersten Halswirbel erreicht. Jetzt weicht er schräg zur Seite ab bis zur Schulter, die er nach vorne zur Schlüsselbeingrube durchquert. Am Rumpf seitlich absteigend führt das Gefäß zur Hüfte, umströmt sie nach hinten und zieht schräg nach innen über das Gesäß hinunter zum Steißbein. Horizontal wieder nach vorne fließend gelangt es zum 30. Gallenblasenpunkt am Hüftgelenk. Hier vereinigt es sich mit dem zweiten Ast. Dieser strömt vom Augenrand hinunter zum Kiefer, bildet auf der Wange eine Schleife und steigt entlang der Halsmuskulatur seitlich zur Schlüsselbeingrube ab. Hier beginnt der Innenmeridian, der in der Leistengegend wieder zur Oberfläche zurückkehrt. Er umströmt die Genitalgegend und zieht dann waagrecht nach hinten zum 30. Gallenblasenpunkt, um sich mit dem ersten Zweig zu treffen. Entlang der Außenseite des Beins verläuft die Bahn hinab zum Fuß, strömt vor dem äußeren Knöchel auf den Fußrücken und endet im äußeren Nagelwinkel der vierten Zehe.
Innenmeridian: Das Innengefäß beginnt in der Schlüsselbeingrube und setzt den zweiten Ast vom Kopf fort. Durch den Brustraum ziehend erreicht es Leber und Gallenblase. Dann steigt die Bahn durch den Bauchraum zur Leisten-

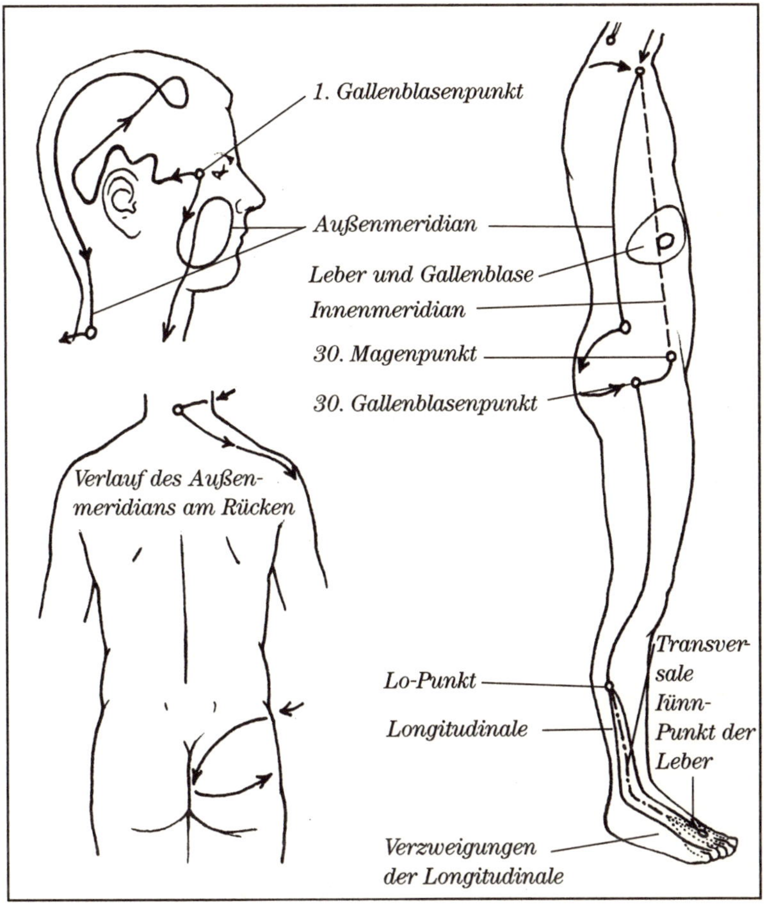

Abb. 8: Gallenblasenmeridian

gegend, wo sie beim 30. Magenpunkt wieder an die Oberfläche tritt.

Lo-Gefäße: Der Lo-Punkt des Gallenblasenmeridians liegt etwa auf halber Höhe des Unterschenkels an dessen Außenseite.

Die Longitudinale verästelt sich auf der Höhe des äußeren Knöchels auf dem Fußrücken und versorgt alle außer der vierten Zehe, auf der das Außengefäß endet. Im äußeren Nagelwinkel der großen Zehe vereinigt sich ein Zweig der Longitudinale mit dem Lebermeridian. Die Transversale zieht vom Lo-Punkt der Gallenblase zum Iünn-Punkt der Leber zwischen dem ersten und zweiten Mittelfußknochen.

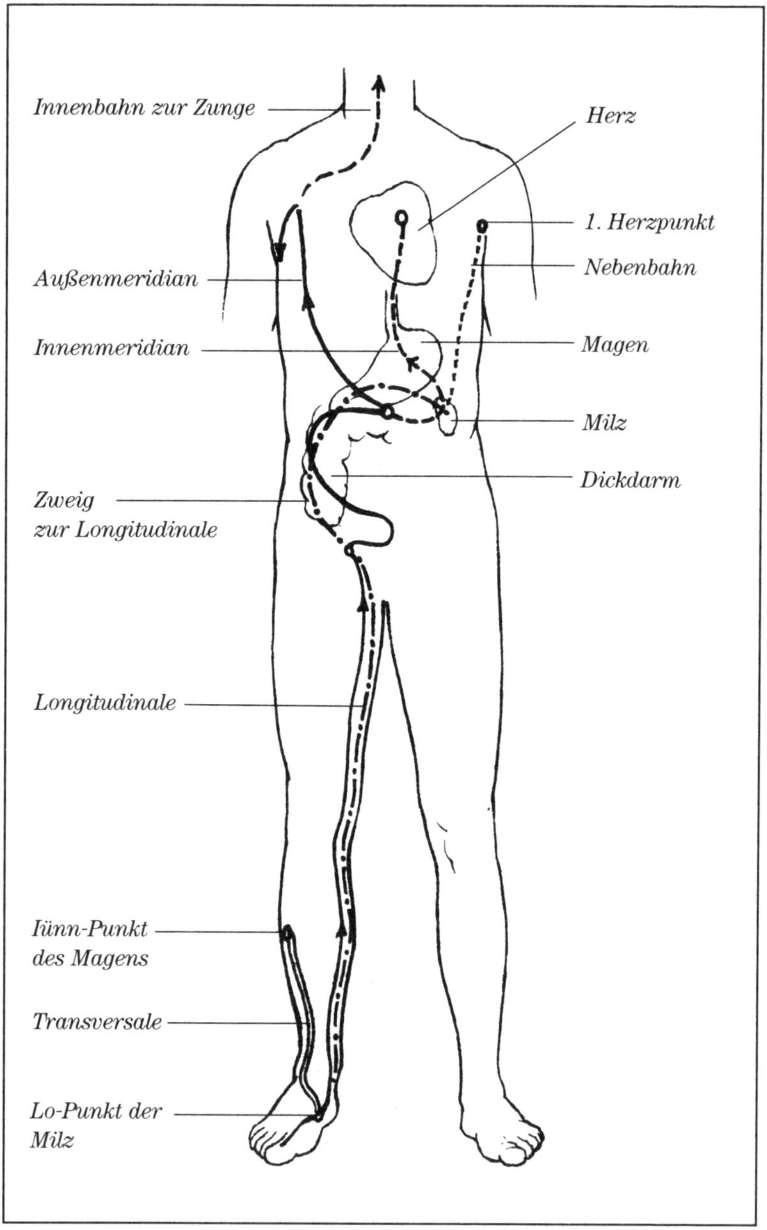

Abb. 9: Milzmeridian

Gallenblasen- und Dreierwärmermeridian bilden zusammen das Meridianpaar Chao Yang.

Milzmeridian

Außenmeridian: Der Meridian beginnt am inneren Nagelwinkel der Großzehe. An der Innenseite des Beins zieht er empor bis zur Leistengegend, wo er waagrecht zur Mittellinie des Körpers abbiegt. Er folgt ihr wenige Zentimeter aufwärts, weicht dann seitlich zur Bauchwand ab und kehrt erst oberhalb des Nabels zur Mittellinie zurück. An diesem Punkt beginnt ein inneres Gefäß. Die Energiebahn verläßt die Mittellinie sofort wieder und steigt schräg nach außen auf, um dann senkrecht die seitliche Brustwand hinauf bis über die Brustwarze zu führen. In spitzem Winkel zieht der Meridian noch ein kurzes Stück nach unten und endet in der Brustwand.
Innenmeridian: Dort, wo der Außenmeridian oberhalb des Nabels die Mittellinie wieder erreicht, dringt ein Gefäß durch Milz und Magen zum Herzen vor. Eine Nebenbahn verbindet die Milz mit dem 1. Herzpunkt in der Achselhöhle. Die dritte Innenleitung verläßt den Außenmeridian oberhalb der Brust und verläuft durch den Hals bis zum hinteren Zungenrand.
Lo-Gefäße: Der Lo-Punkt der Milz liegt an der Innenseite des Fußes. Die Longitudinale folgt etwa dem Außenmeridian bis zur Leistengegend, um dann in die seitliche Bauchwand einzudringen. Ein Zweig zieht durch Dickdarm und Magen zur Milz.
Die Transversale steigt vom Lo-Punkt schräg über den Fußrücken hinauf zum Iünn-Punkt des Magens auf mittlerer Höhe der Unterschenkel-Außenseite.

Lungenmeridian

Außenmeridian: Die Energiebahn beginnt mit dem 1. Lungenpunkt an der vorderen Brustwand oberhalb der Brustwarze. Sie steigt ein kurzes Stück in Richtung zur Schulter empor, um dann seitlich am Arm entlang zum Daumen hinabzufließen. An der Innenseite des Daumens nahe beim Nagelwinkel endet der äußere Meridian.
Innenmeridian: Die innere Leitung beginnt am mittleren der Drei Erwärmer am Magen. Sie führt zunächst zum Dickdarm hinab, wendet dort und zieht durch Magen und Lunge hinauf zur Halsmitte beim Kehlkopf. Hier biegt das Gefäß schräg nach unten ab und tritt beim 1. Lungenpunkt an die Oberfläche.
Lo-Gefäße: Der Lo-Punkt der Lunge liegt etwas oberhalb des Handgelenks innen, etwa dort, wo man gewöhnlich den Puls tastet.
Die Longitudinale zieht von hier aus zum 1. Dickdarmpunkt am inneren Nagelwinkel des Zeigefingers. Die Transversale umrundet das Handgelenk und erreicht den Iünn-Punkt des Dickdarms zwischen dem ersten und zweiten Mittelhandknochen.

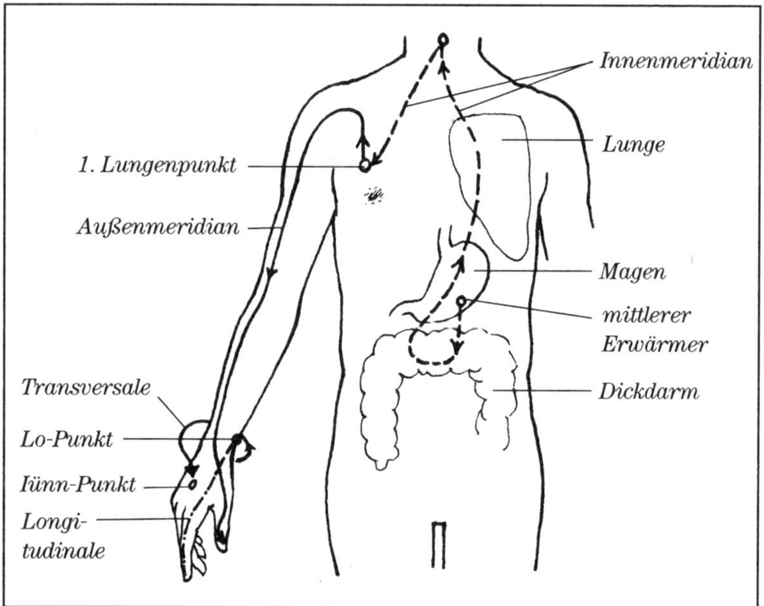

Abb. 10: Lungenmeridian

Milz- und Lungenmeridian bilden das Meridianpaar Tae Inn.

Lebermeridian

Außenmeridian: Das Gefäß beginnt am äußeren Nagelwinkel der Großzehe. Über den Fußrücken hinweg zieht es zum Innenknöchel und vor diesem vorbei entlang der Innenseite des Unterschenkels empor zum inneren Ende der Kniekehle. Quer über die Innenseite des Oberschenkels verläuft die Leitung dann weiter nach oben zum 12. Leberpunkt in der Leiste, wo sie in die Tiefe eindringt. Oberhalb des Schambeins tritt der Meridian wieder nach außen und zieht schräg durch die Bauchwand aufwärts zur elften Rippe, um an deren freiem Ende in die Tiefe abzusteigen. Am siebten Zwischenrippenraum kommt das Gefäß seitlich der Mittellinie der Brust nochmals an die Körperoberfläche und bildet hier den letzten (14.) Leberpunkt.

Innenmeridian: Zwischen dem ersten und zweiten Abschnitt des Außenmeridians besteht eine innere Verbindung, die vom 12. Leberpunkt in der Leiste durch die Genitalgegend zum Austrittspunkt des Außenmeridians oberhalb des Schambeins zieht. Das innere Hauptgefäß beginnt in der Leber, durchstößt das Zwerchfell und verzweigt sich an den Rippen des Brustkorbs. Ein starker Ast steigt weiter hinten am Schlund empor und über den Kiefer zum Augeninnern. Über die Stirn läuft dieses Gefäß bis zur Mittellinie des Kopfes. Im Innern des Auges zweigt eine Leitung ab, die über die Wange zu den Lippen zieht und diese umrundet. Das letzte Innengefäß steigt aus der Leber zu den Lungen auf und vereinigt sich mit dem Lungen-Meridian.

Lo-Gefäße: Der Lo-Punkt der Leber liegt auf mittlerer Höhe an der Innenseite des Unterschenkels.

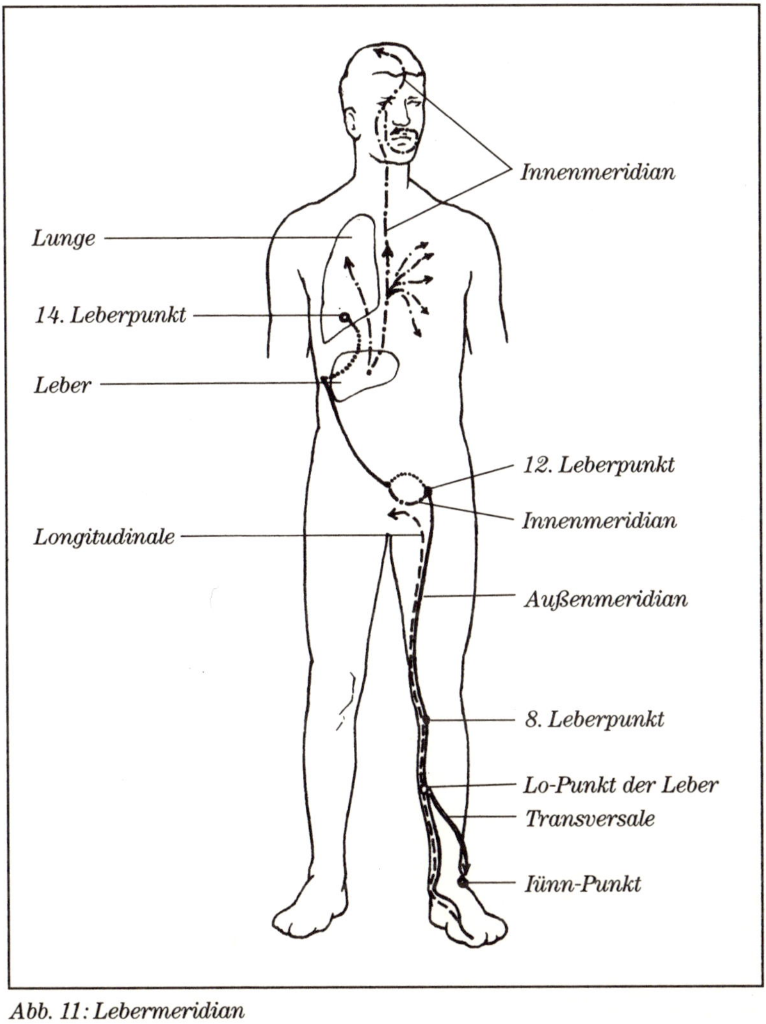

Abb. 11: Lebermeridian

Die Longitudinale folgt etwa dem Verlauf des Außenmeridians bis zur Genitalgegend und verzweigt sich dort.

Die Transversale zieht vom Lo-Punkt der Leber zum Iünn-Punkt der Gallenblase am vorderen äußeren Knöchelrand.

Kreislaufmeridian

Außenmeridian: Seitlich oberhalb der Brustwarze tritt der innere Meridian an die Oberfläche. In der Mitte der Innenseite des Arms zieht er hinab zum inneren Nagelwinkel des Mittelfingers. Etwa in der Mitte der Innenseite der Hand zweigt ein Nebengefäß ab, das sich im äußeren Nagelwinkel des Ringfingers mit dem Dreierwärmermeridian verbindet.

Innenmeridian: Das innere Gefäß beginnt unter dem Brustbein und durchströmt den Herzbeutel. Dann steigt es durch das Zwerchfell ab und verzweigt sich am Magen zu den Drei Erwärmern. Eine Seitenlinie führt unter dem Brustbein nach außen weg und tritt oberhalb der Brustwarze als Außenmeridian hervor.

Lo-Gefäße: Der Lo-Punkt des Kreislaufmeridians liegt an der Innenseite des Vorderarms einige Zentimeter oberhalb der Handgelenksfurche.

Die Longitudinale folgt von hier aus dem Außenmeridian und tritt oberhalb der Brustwarze in die Tiefe, bis sie die Gegend hinter dem Brustbein erreicht. Dann steigt sie mit dem inneren Gefäß zum Dreierwärmerorgan hinab.

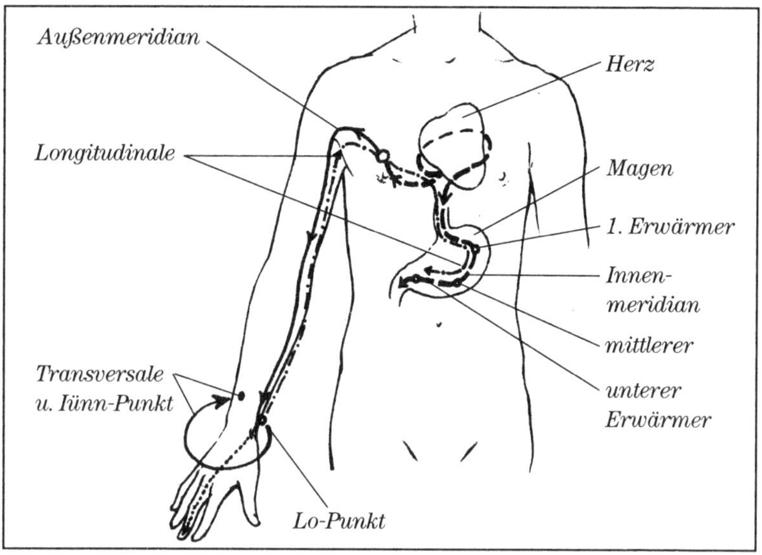

Abb. 12: Kreislaufmeridian

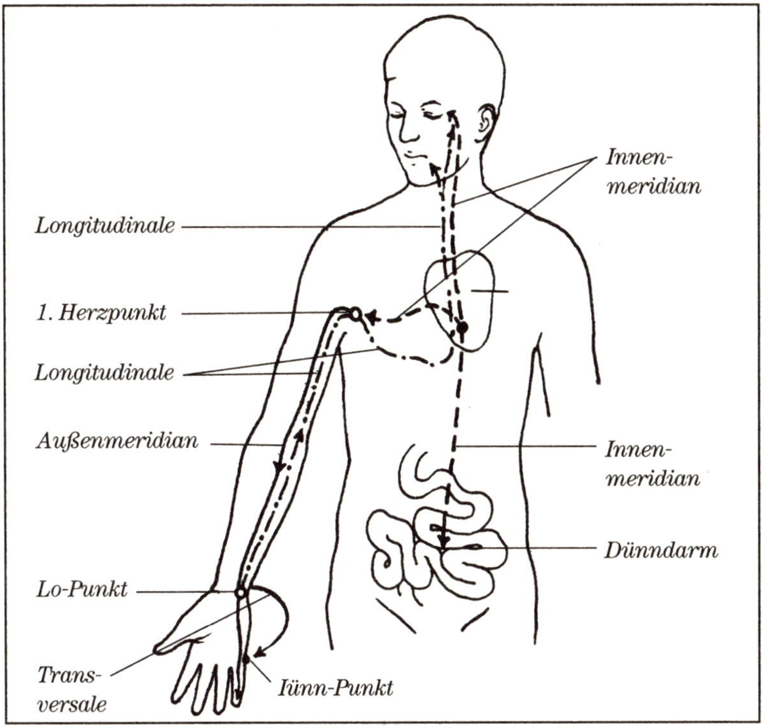

Abb. 13: Herzmeridian

Die Transversale fließt vom Lo-Punkt um den Arm herum zum Iünn-Punkt der Drei Erwärmer auf der Mitte der Unterarmoberseite oberhalb der Handgelenksfurche. Leber- und Kreislaufmeridian ergeben das Meridianpaar Tsiüe Inn.

Herzmeridian

Außenmeridian: Die Energieleitung beginnt in der vorderen Achselgegend. Entlang der Innenseite des Arms fließt sie abwärts und endet am inneren Nagelwinkel des kleinen Fingers.

Innenmeridian: Ein inneres Gefäß zieht vom Herzen seitlich über die Brust zum 1. Herzpunkt in der Achselgegend und tritt hier als Außenmeridian hervor. Das zweite Gefäß durchdringt das Zwerchfell und führt zum Dünndarm hinab. Ein weiteres inneres Gefäß steigt durch den Hals und das Gesicht empor zum Augapfel.

Lo-Gefäße: Der Lo-Punkt des Herzens liegt oberhalb der Handgelenksfurche auf der Kleinfingerseite.

Die Longitudinale folgt dem Außenmeridian bis zum 1. Herz-

punkt. Hier schwenkt sie zum Brustbein ab und steigt dahinter parallel zum Kreislaufmeridian durch den Hals zur Zungenbasis auf. Neben dem inneren Gefäß führt sie schließlich zum äußeren Augenwinkel hinauf, um sich dort mit dem Dünndarmmeridian zu verbinden.
Die Transversale zieht vom Lo-Punkt zum Iünn-Punkt des Dünndarms, der sich am letzten Mittelhandknochen außen befindet.

Nierenmeridian

Außenmeridian: Das Gefäß beginnt im vorderen Teil der Fußsohle. Schräg nach hinten innen verlaufend erreicht es die Mitte der Fußinnenseite. Hier zieht es empor zum Innenknöchel, umrundet ihn und führt entlang der Innenseite des Beins zur Blase hin, um hier in die Tiefe einzudringen. Oberhalb der Schambeingrenze seitlich von der Körpermittellinie

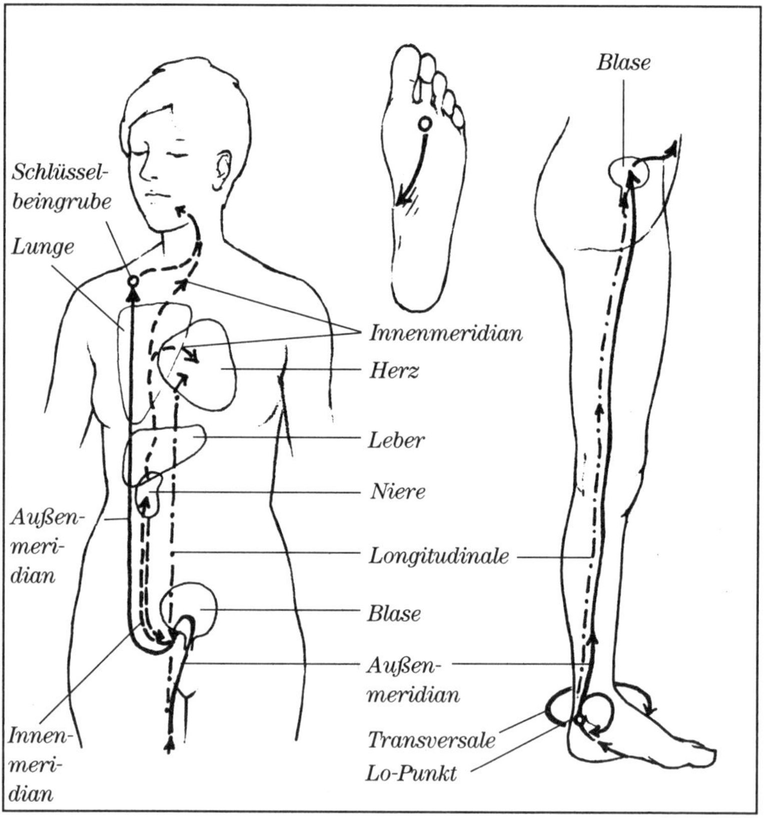

Abb. 14: Nierenmeridian

kommt der Meridian wieder nach außen und steigt über Bauch und Brust zur Schlüsselbeingrube.

Innenmeridian: Etwas unterhalb der Blase geht der Außenmeridian ins Körperinnere, steigt empor zur Niere und kehrt dann zur oberen Schambeingrenze zurück, wo er etwas höher seitlich der Mittellinie als Außenmeridian wieder zum Vorschein kommt. In der Schlüsselbeingrube dringt er wieder in die Tiefe und erreicht durch den Hals das Kinn, um schließlich an der Zungenwurzel zu enden. An der Niere zweigt ein Gefäß zur Leber ab, durchdringt über der Leber das Zwerchfell und zieht durch die Lunge zum Endpunkt an der Zungenwurzel. An der Lunge gibt es eine Seitenbahn zum Herzen ab, die sich in der Brustmitte mit dem Kreislaufmeridian vereint.

Lo-Gefäße: Der Lo-Punkt der Niere liegt am hinteren Teil des inneren Knöchels bei der Ferse.

Die Longitudinale verläuft bis zur Blase parallel zum Außenmeridian und steigt dann senkrecht durch Bauch und Brust seitlich der Mittellinie zum Herzen empor, wo sie sich mit dem Kreislaufmeridian vereinigt. An diesem Punkt dringt ein Zweig durch die Brust zur Wirbelsäule und tritt auf der Höhe des dritten Brustwirbels wieder an die Oberfläche.

Die Transversale zieht vom Lo-Punkt um die Ferse herum zum Iünn-Punkt der Blase an der Außenseite des Fußes.

Herz- und Nierenmeridian ergeben das Meridianpaar Chao Inn.

Wundermeridiane

Wunderenergiebahnen sind zentrale Gefäße, welche das ganze Energiesystem mit seinen zahlreichen Seitenleitungen und Verzweigungen aufeinander abstimmen. Außerdem versorgen sie die Wunderorgane mit der Urenergie und sind überdies an der körpereigenen Abwehr beteiligt. Ihr Name ist auf den im Vergleich zu den anderen Meridianen andersartigen, »wunderlichen« Verlauf zurückzuführen.

Als Wunderorgane bezeichnet die chinesische Medizin jene Organsysteme, die wie Yang-(Hohl-)Organe aufgebaut sind, aber Inn-(Speicher-)Organfunktionen wahrnehmen. Es gibt fünf dieser Organsysteme, ohne die Leben undenkbar ist: Skelettsystem, Blutzirkulation, Leber-Galle-System, Genitalsystem und das zentrale Nervensystem.

Die ancestrale oder Erbenergie ist in den Chromosomen und Nebennieren lokalisiert. Sie ist für die menschliche Entwicklung verantwortlich und bestimmt wesentlich die Lebens- und Abwehrkraft des Individuums. Erbenergie kann nicht aufgefüllt oder ersetzt werden; wenn sie aufgebraucht ist, kann der Mensch nicht mehr leben. Auch das Seelenleben (Gefühle, Triebe) und die geistigen Funktionen (Denken, Gedächtnis, Bewußtsein) werden von der ancestralen Energie bestimmt. Durch Hormone, die in großer Zahl in

den Nebennieren produziert werden – über dreißig sind bisher bekannt –, greift die Erbenergie in fast jeden Lebensvorgang ein.
Aus den Nebennieren strömt die ancestrale Energie in die Wundermeridiane ein und versorgt zunächst die fünf Wunderorgane. Danach gelangt sie an den Iü- und Tsing-Punkten auch in die Hauptmeridiane. In vielen kleinen Zweigen strömt die Urenergie bis unter die Haut, um ihrer Abwehrfunktion gerecht zu werden. Dann kehrt sie über die Wundermeridiane wieder zu den Wunderorganen oder Nebennieren zurück, der Energiekreislauf wird geschlossen. Als Nebenbahnen transportieren die Wundermeridiane außer der Erbenergie auch Nähr- und Abwehrenergie. In manchen Abschnitten des Systems strömen diese beiden Energiearten in entgegengesetzter Richtung zur Wunderenergie. Hier kommt es besonders leicht zu Störungen des Energieflusses.
Die chinesische Medizin kennt acht Wundermeridiane mit leicht

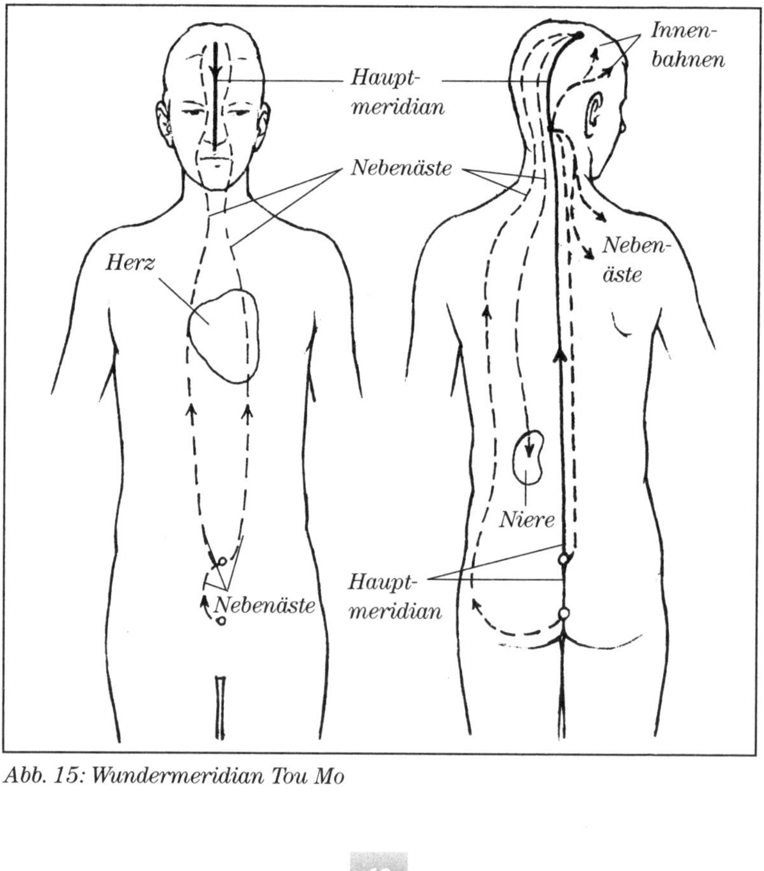

Abb. 15: Wundermeridian Tou Mo

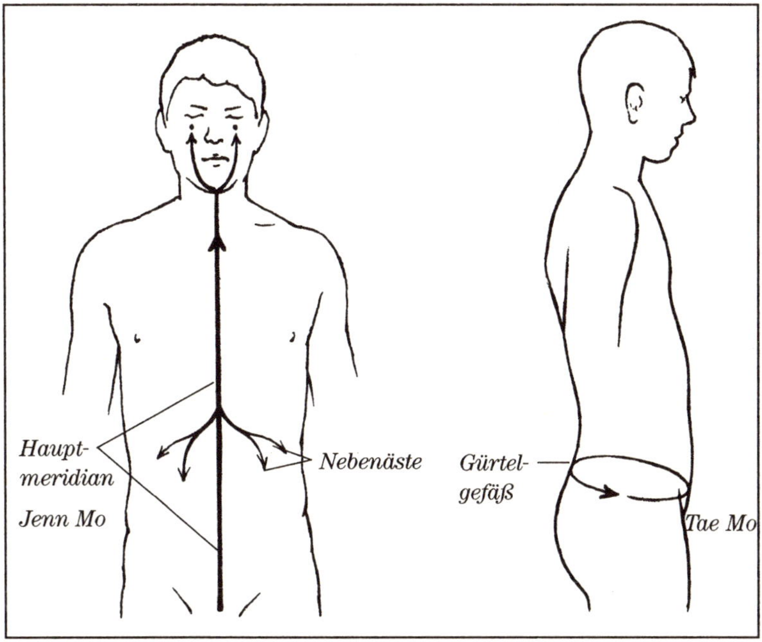

Abb. 16: Wundermeridiane Jenn Mo (links) und Tae Mo

verständlichen Namen, die auf ihre Funktionen hinweisen.

Tou Mo

Der »Gouverneurmeridian« strömt mit seinem Hauptgefäß genau über der Wirbelsäule vom Gesäß zum Kopf. Am Rücken und an Brust und Bauch befinden sich einige Nebengefäße. In den Tou Mo münden alle Yang-Energien des menschlichen Körpers ein, er bildet die zentrale Yang-Energieleitung.

Jenn Mo

Gegenspieler des »Gouverneurs« ist der Wundermeridian »Direktor«, der als zentrale Energieleitung alle Inn-Energie des Körpers aufnimmt. Die Energiebahn führt genau über Bauch und Brust auf der Körpermittellinie empor zum Kinn, wo zwei Äste rechts und links über die Wangen bis unter die Augen ziehen. Am Übergang vom Bauch zur Brust zweigt je ein sich verzweigender Ast rechts und links in die Bauchwand ab.

Tae Mo

In Taillenhöhe umgibt das »Gürtelgefäß« den Körper. Es vereint fast alle Hauptmeridiane zu einem Bündel und kann sie dadurch koordinieren und kontrollieren.

Der Blasenmeridian liegt außerhalb dieses Gürtels, der Lebermeridian befindet sich an der Taille zu tief im Körper, als daß er erfaßt werden könnte. Deshalb entgehen diese beiden Organmeridiane als einzige der zwölf Hauptmeridiane dem Einfluß des Tae Mo.

Tchong Mo

Das »Strategiegefäß« ist nur für den Nierenmeridian von Bedeutung. Da dieser tief unter der Hautoberfläche verläuft, verbindet Tchong Mo an der Oberfläche seine wichtigsten Punkte miteinander.
Seitlich der Körpermittellinie zieht der Wundermeridian über Bauch und Brust hinauf zur Halsmitte. Hier weicht er etwas seitlich ab, erreicht das Kinn und umrundet die Lippen, um in der Kinnmitte zu enden. Am Unterbauch zieht ein kurzer Ast zur Körpermittellinie, wo er auf den Jenn Mo trifft. Das

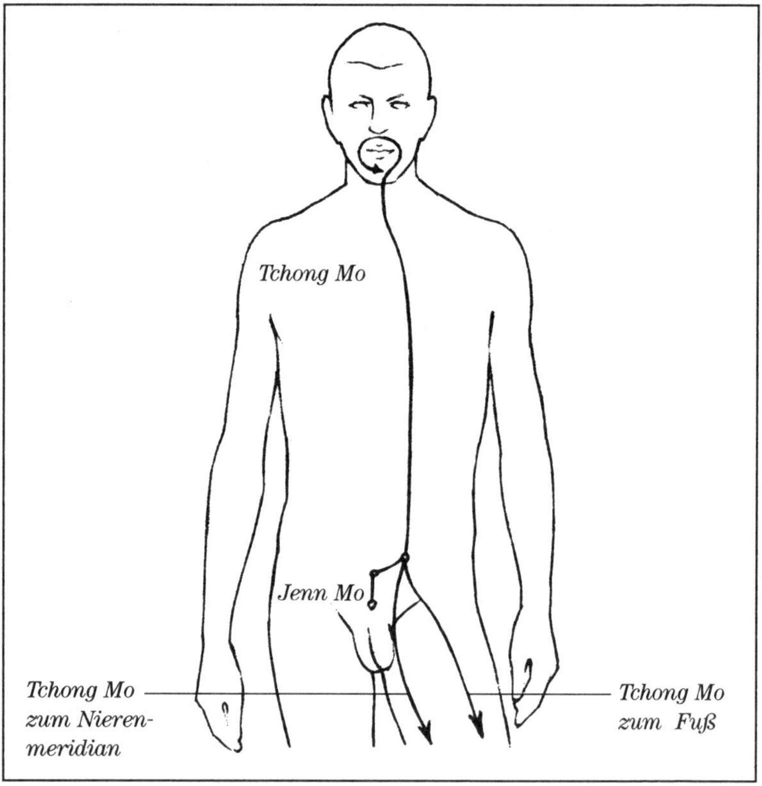

Abb. 17: Wundermeridian Tchong Mo

Hauptgefäß steigt an der Schenkelinnenseite zum Nierenhauptmeridian ab, eine Seitenlinie strömt in der Schenkelmitte hinab bis zum Fuß.

Wei Mo

Der Wundermeridian Wei Mo besteht aus je einem Verbindungsgefäß für die drei Yang- und die

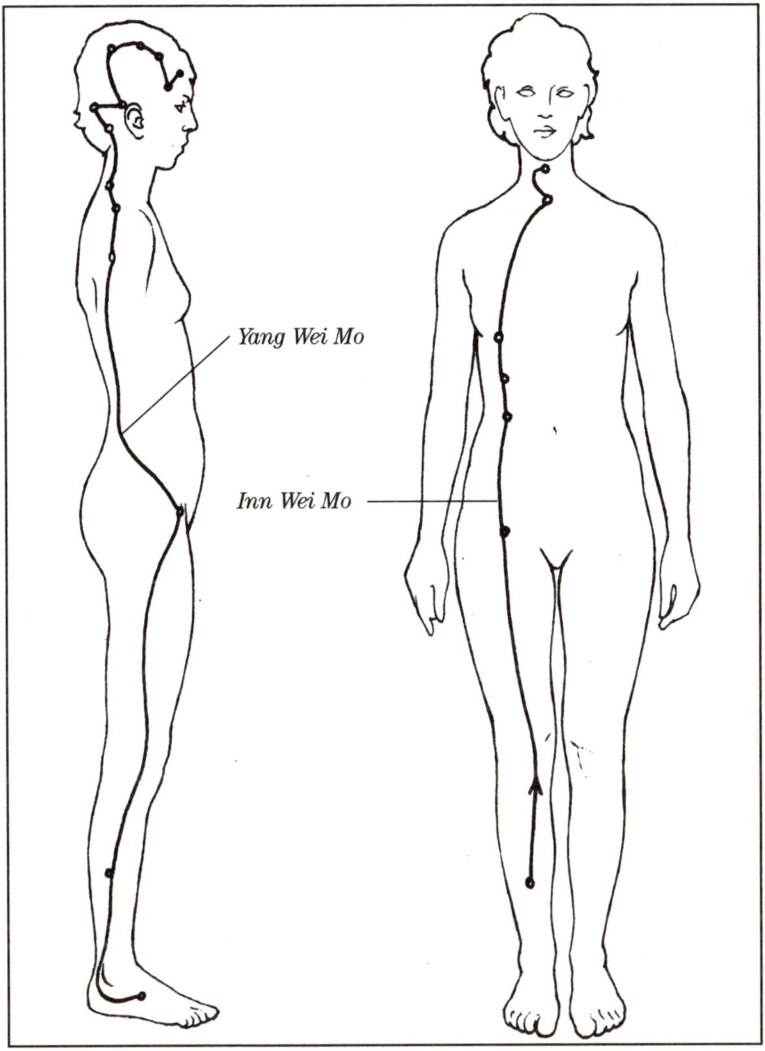

Abb. 18: Wundermeridiane Yang Wei Mo (links) und Inn Wei Mo

drei Inn-Zonen. Yang Wei Mo beginnt vor dem äußeren Fußknöchel, umrundet ihn unten und zieht dann entlang des Unter- und Oberschenkels hinauf zur Leistengegend. Von hier strömt das Gefäß zur Körperseite hinten, dort aufwärts bis zum Ohr und schließlich über den Schädel nach vorne zur Stirn. Inn Wei Mo beginnt auf mitt-

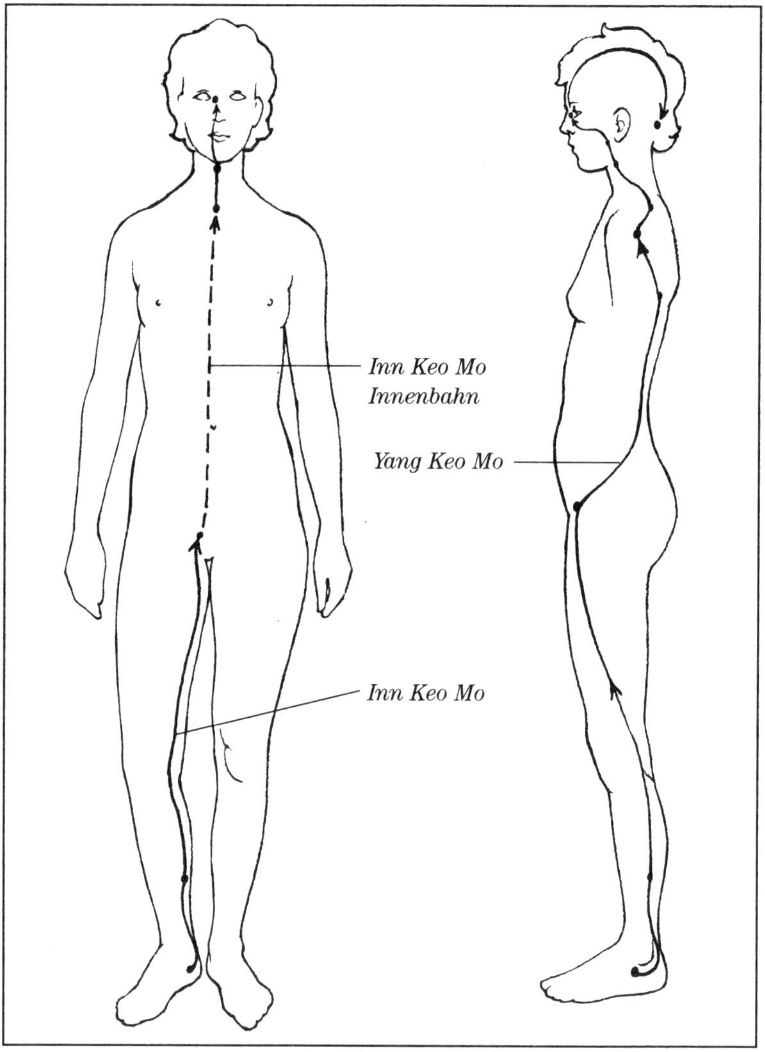

Abb. 19: Wundermeridiane Yang Keo Mo (links) und Inn Keo Mo

lerer Höhe des Unterschenkels vorne beim Schienbein. Über die Vorderseite des Beins und die Bauch- und Brustseitenwand gelangt der Wundermeridian zum Endpunkt am Hals.

Keo Mo

Aufgabe der »Fersenkraftgefäße« ist es, die Bewegungen des Körpers zu koordinieren, die »Kraft der Fersen« beim Gehen zu harmonisieren. Yang Keo Mo beginnt am äußeren Fußknöchel, umrundet ihn unten und fließt am Bein entlang zur Leistengegend. An der hinteren Körperseite zieht der Meridian weiter zur Schulter, überquert schräg nach oben die Halsmitte und erreicht den inneren Augenwinkel. Von hier aus strömt der Wundermeridian über Stirn und Schädeldach nach hinten, wo er auf der Höhe des Ohrs am Hinterhauptsbein endet. Inn Keo Mo beginnt am inneren Fußknöchel, strömt an der inneren Seite des Beins aufwärts und erreicht über Bauch und Brust ebenfalls den inneren Augenwinkel.

Sehnen-Muskel- und Sondermeridiane

Am Tsing-Punkt eines jeden Hauptmeridians an den Finger- und Zehenspitzen beginnen die *Sehnen-Muskel-Meridiane.* In diesen Nebenleitungen strömt die Energie immer nach oben. Die Meridiane versorgen also zunächst Hand, Ellbogen und Schulter oder Knöchel, Knie und Hüften, um sich dann über Brust, Rücken und Kopf zu verzweigen.

Je ein Sehnen-Muskel-Meridian gehört zu einem der Hauptmeridiane. Demnach fließen an Hand und Fuß je drei Inn- und drei Yang-Sehnen-Muskel-Energiebahnen. Im Gegensatz zu anderen Meridianverbindungen, die je einen Yang- mit einem Inn-Meridian koppeln, findet bei den Sehnen-Muskel-Meridianen in bestimmten Gebieten eine Vereinigung von Yang mit Yang und Inn mit Inn statt. Die Yang-Meridiane der Hand treffen sich an der Schädelseite, die Yang-Meridiane des Fußes bei den Wangenknochen. Inn-Verbindungen finden wir für die Sehnen-Muskel-Meridiane der Hand an der Brustkorbseite, für die des Fußes beim Schambein.

Alle Sehnen-Muskel-Meridiane verlaufen an der Körperoberfläche und werden daher besonders häufig von Krankheitsenergien der Umwelt befallen, die zu Gelenk-, Nerven- und Muskelschmerzen oder zu flüchtigen Lähmungen und Verspannungen führen können.

Sondermeridiane vervollständigen die Verbindungen zwischen den Yang- und Inn-Hauptmeridianen an Händen und Füßen sowie zwischen Hohl- und Speicherorganen. Diese Sondergefäße ziehen von den großen Gelenken an Knie und Hüfte oder Ellbogen und Schulter in den Bauch oder in die Brust, dann aufwärts ins Hals-

oder Nackengebiet, um schließlich in die Yang-Meridiane des Kopfes einzumünden. Im Kopf strömen ausschließlich Yang-Hauptmeridiane. Nach dem Inn-Yang-Gesetz ist Yang ohne Inn aber nicht lebensfähig. Deshalb sind die Inn-Sondermeridiane besonders wichtig, weil sie lebensnotwendige Inn-Energie zum Kopf bringen.

Die zusätzlichen Koppelungen von Inn- und Yang-Hauptmeridianen durch Sondergefäße befinden sich entsprechend dem allgemeinen Verlauf der Sondermeridiane in folgenden Körperzonen:

Sondermeridiane der Hauptmeridiane	Zusatzverbindungen oben	Zusatzverbindungen unten
Dünndarm – Herz	Augenwinkel innen	Achsel seitlich
Kreislauf – Drei Erwärmer	hinter dem Ohr	Achsel seitlich
Dickdarm – Lunge	Hals seitlich	Schulter
Magen – Milz	Augenwinkel innen	Leistengegend
Leber – Gallenblase	Augenwinkel außen	Schambein
Niere – Harnblase	Nacken	Kniebeuge

Chinesische Behandlungspunkte

Die chinesischen Behandlungs- und Diagnosepunkte befinden sich im Verlauf aller Energiebahnen. Ihre Aufgabe ist es, die im Meridian strömende Energie zu konzentrieren und an die Oberfläche aufsteigen zu lassen. Erst über diese Konzentrationspunkte wird eine Beeinflussung der Energieströme durch Punktur, Pressur oder Erwärmung *(Moxibustion)* möglich. Manche der Punkte werden bei Erkrankungen innerhalb ihres Einzugsgebiets schmerzhaft und können dann von diagnostischer Bedeutung sein. Meist liegen die chinesischen Punkte zwischen Muskeln und Sehnen oder über kleinen Vertiefungen der Knochen. Insgesamt sind heute schon annähernd 700 Konzentrationspunkte bekannt.

▶ Wichtigste Konzentrationspunkte sind die schon im Altertum bekannten *Sü*-Punkte. Jeder Hauptmeridian hat sechs dieser antiken Punkte, wobei die Punkte drei oder vier auf den Inn-Meridianen in einem Punkt vereinigt sind.

Alle sechs Sü-Punkte liegen im Bereich der oberen und unteren Extremitäten zwischen Hand und Ellbogen oder Fuß und Knie. Als Yang-Zonen unterliegen diese Gebiete besonders stark den Einflüssen der Umweltenergien.

Neben diesen antiken Sü-Punkten kennen wir noch fünf andere Punktarten von Bedeutung mit energetischen Funktionen.

- *Himmelsfenster* nennt die blumige chinesische Sprache jene Punkte in der Hals- und Nackenregion, die Energie aus dem Rumpf (Inn = Erde) in den Kopf (Yang = Himmel) überleiten.
- Die *Verbindungs-(Lo-)*Punkte haben wir schon bei der Beschreibung der Hauptmeridiane behandelt. Sie liegen dort, wo Transversalen zum Iünn-Punkt eines anderen Hauptgefäßes abzweigen und Longitudinalen den Meridian mit seinem Organ verbinden. Über die Lo-Punkte kann die Energie in den beiden durch transversale Gefäße gekoppelten Hauptmeridianen harmonisiert werden. Durch die Longitudinalen ist auch die Beeinflussung des meridianeigenen Organs vom Lo-Punkt aus möglich.
- *Regulierungs-(Tsri-)*Punkte bestimmen den Energiefluß in ihrem Hauptmeridian. Durch ihre Beeinflussung wird die bei manchen Erkrankungen stockende Energie wieder in Umlauf gebracht.
- *Zustimmungs*-Punkte leiten Abwehr-(Yang-)Energie in den Rükken zum Blasenmeridian. Über diese Punkte ist es auch möglich, die Hohl- und Speicherorgane direkt zu beeinflussen, was bei den meisten anderen Punkten nur indirekt über die Energieleitungen zu erreichen ist.
- Auch die *Herolds-(Mo-)*Punkte ermöglichen eine direkte Organbeeinflussung. Wegen ihrer engen Beziehungen zu den Organen werden Mo-Punkte bei organischen Krankheiten schmerzhaft und lassen wichtige diagnostische Rückschlüsse zu. Außerdem leiten sie Nähr-(Inn-)Energie in das Bauch- und Brustgebiet, bilden also das Gegenstück zu den Zustimmungspunkten.

Techniken der Punktbehandlung

Parallel zur Entwicklung der Meridianlehre verfeinerten und differenzierten sich auch die Techniken zur Behandlung der Energiepunkte. Heute kennen wir die Akupunktur, die mit feinen Nadeln arbeitet, die Akupressur, die sich sehr gut zur Selbstanwendung eignet, und die Moxibustion, die durch Wärme und Kräuterdämpfe auf die Energiepunkte einwirkt.

Akupunktur

Die Akupunktur verwendet heute hauptsächlich Stahlnadeln verschiedener Länge mit gewundenem Schaft und langer, dünner Spitze. Zur Blutungsakupunktur werden dreieckige Stahlnadeln benutzt, nach deren Entfernung die Stichwunde noch nachblutet. Bei empfindlichen Patienten gebraucht man einen kleinen Hammer mit vielen feinen Nadeln zum Abklopfen der Behandlungspunkte. Die Nadeln werden senkrecht oder schräg in die Hauptpunkte gestochen. Die Tiefe des Einstichs hängt vom Meridianverlauf und der Hautdicke ab. Während an empfindlichen, dünnhäutigen Körperzonen, beispielsweise am Ohr oder am Gesicht, schon ein bis drei Millimeter genügen, kann an muskulösen Stellen, zum Beispiel am Gesäß, mehrere Zentimeter tief eingestochen werden. Bei Lähmungen und einigen anderen Erkrankungen schiebt der Akupunkturarzt bis zu fünf Zentimeter lange Nadeln waagrecht unter die Haut, so daß gleichzeitig mehrere Meridianpunkte erfaßt werden.
Die einzelne Sitzung dauert durchschnittlich eine Viertelstunde. Bei starken Beschwerden kann bis zu einer Stunde behandelt werden, bei energiearmen Patienten sind kürzere Anwendungen bis zu fünf Minuten angezeigt, die öfter wiederholt werden.
Grundsätzlich verboten ist Akupunktur bei Herzjagen, hohem Fieber, starkem Schwitzen, Trunkenheit und nach üppigen Mahlzeiten. Außerdem gibt es bestimmte Körperzonen, in die keine Nadeln eingestochen werden dürfen, beispielsweise am Augapfel.
Die Technik der Akupunktur beherrschen nur erfahrene Fachleute, die aus der Art der Krankheit auch erkennen, welche Punkte zu behandeln sind.

Moxibustion

An einigen Meridianpunkten können nicht nur Nadeln eingestochen, sondern auch Kräuterkugeln abgebrannt werden. Diese Kugeln, als *Moxa* oder *Kao* bezeichnet, bestehen meist aus getrockneten Beifußblättern (Artemisia vulga-

ris), bei bestimmten Heilanzeigen auch aus anderen Kräutern oder Gewürzen wie Ingwer und Salz. Je Punkt werden drei bis sechs, seltener mehr Kugeln abgebrannt, die man sofort entfernt, sobald der Patient das Brennen spürt. Besonders präzise anzuwenden sind Kräuterzigarren, die genau auf die Meridianpunkte gesetzt werden. Manchmal wird Kräuterpulver in einem Sieb verbrannt und mit dem entweichenden Rauch die nach der Meridianlehre zu behandelnde Körperzone bestrichen.
Zur Kombination von Punktur mit Moxibustion steckt man Kräuterkugeln auf Akupunkturnadeln und erreicht damit beim Abbrennen eine intensivere Tiefenwirkung.
Die Kontraindikationen der Akupunktur gelten auch für die Moxibustion. Außerdem ist das Abbrennen von Kao nicht angezeigt bei akuten Krankheiten, Fülle an Wärmeenergie im Meridiansystem, an Zonen mit Herzenergie, am Gesicht, über sehnen- und gefäßreichen Hautzonen und am Unterbauch Schwangerer.
Wie Akupunktur muß auch die Moxibustion von Fachleuten ausgeführt werden, die die Spezialpunkte, Techniken und Heilanzeigen kennen.

Akupressur

Im Gegensatz dazu ist Akupressur (vom lateinischen *acus* = Punkt, *pressare* = pressen, drücken) die seit über fünf Jahrtausenden in der chinesischen Volksheilkunde bewährte Selbsthilfe im Krankheitsfall. Sie beruht auf den gleichen energetisch-physiologischen Prinzipien wie die Akupunktur, möglicherweise ging die Behandlung mit Nadeln erst aus den Erfahrungen mit dem »Hausmittel« Akupressur hervor.
Störungen der Energieharmonie und eindringende Umweltenergien sind an der Entstehung von Krankheiten wesentlich beteiligt. Die Akupressur öffnet blockierte Energiebahnen, bringt versickerte oder stockende Energieströme wieder in Bewegung, leitet krankheitserregende Umweltenergien aus und stellt so das gesunde Energiegleichgewicht im Meridiansystem wieder her.
Im »Reich der Mitte« gehört Akupressur heute schon in den unteren Schulklassen zum Lehrstoff. In den Fabriken halten Ärzte Pflichtkurse für die gesamte Belegschaft ab, in den Dorfgemeinschaften leiten die »barfüßigen Ärztinnen« jung und alt zur Selbstbehandlung durch Akupressur an. Allerdings kann und will Akupressur den Arzt nicht ersetzen. Sie entlastet ihn dort, wo sein Fachwissen nicht unbedingt notwendig ist, wo eine Krankheit mit wenigen Handgriffen verhindert oder im Keim erstickt werden kann.
Entscheidende *Vorteile der Akupressur* für die Selbstbehandlung sind:

- Vorbeugende oder den Krankheitsverlauf abkürzende Wirkung

- Einfache Anwendung ohne gesundheitliche Risiken
- Keine Nebenwirkungen auch bei Daueranwendung
- Klare Heilanzeigen mit genau definierten Punkten
- Keine Einstichstelle mit Stichschmerz, Blutung oder Infektionsgefahr

Bewußt sind in diesem Buch nicht alle in China bekannten und üblichen Heilanzeigen der Akupressur genannt. Was dort infolge der ärztlichen Unterversorgung vieler Regionen notwendig sein kann, eignet sich nicht immer auch zur Selbstbehandlung bei uns. Während die chinesische Bevölkerung über ein erstaunliches medizinisches Allgemeinwissen verfügt, das solche Anwendungen ohne große Risiken zuläßt, ist dieses Wissen bei uns nicht die Regel. Deshalb erscheint es mir bei manchen Heilanzeigen nicht angebracht, sie mit in das Buch aufzunehmen.
Unter den genannten Erkrankungen bedürfen manche ärztlicher Überwachung, beispielsweise Angina pectoris oder Bluthochdruck. Hier ist der therapeutische Effekt der Akupressur aber zu wichtig, als daß auf diese Anwendung verzichtet werden sollte. Trotzdem muß die Wirkung vom Arzt überwacht werden. Wenn Sie dies beachten, dann können die angegebenen Gesundheitsstörungen ohne Risiko zusätzlich durch Akupressur selbst behandelt werden.
Zu jeder der behandelten Erkrankungen werden zunächst Symptome beschrieben. Durch Vergleich der Symptomatik mit Ihren Krankheitserscheinungen können Sie feststellen, an welcher Erkrankung Sie wahrscheinlich leiden. Tasten Sie alle dazu genannten Meridianpunkte ab und kennzeichnen Sie die, welche auf Druck schmerzen, mit einem Kohle- oder Lippenstift. Wenn keine eindeutig schmerzhaften Punkte feststellbar sind, dann markieren Sie alle im Buch beschriebenen Punkte der entsprechenden Krankheit.
Manchmal genügt schon die Beeinflussung eines Punktes, oft müssen Punktkombinationen behandelt werden, ehe sich ein Erfolg einstellt.
Wenn die Pressur der schmerzhaften Punkte keine Wirkung zeigt, müssen Sie auch die anderen Punkte beeinflussen. Genügt auch das nicht, weichen Sie auf die bei vielen Heilanzeigen genannten Hilfspunkte mit Fernwirkung aus. Befürchten Sie keine Nebenwirkungen oder gesundheitliche Risiken, wenn Sie versehentlich einen falschen Punkt behandelt haben. Bleibt die korrekt durchgeführte Akupressur ohne Wirkung, müssen Sie zweierlei überprüfen:

- Haben Sie die angegebenen Punkte richtig erfaßt?
- Liegt eine Krankheit mit ähnlichen Symptomen, aber anderen Behandlungspunkten vor?

Erscheint Ihnen alles korrekt, dann kann Ihre Krankheit wahrscheinlich durch Akupressur nicht behandelt werden. Sie müssen einen Arzt oder Heilpraktiker aufsuchen.

Wählen Sie zur *Behandlung* einen möglichst ruhigen Raum, damit Sie sich ungestört entspannen und konzentrieren können. Legen Sie zur besseren Entspannung beide Hände auf den Bauch, und atmen Sie ganz ungezwungen, das führt automatisch zur entspannungsfördernden Tiefenatmung. Patienten mit organischen Herz- oder Lungenleiden dürfen diese Atemübung nur mit ärztlicher Erlaubnis durchführen. Unterbrechen Sie die Tiefenatmung sofort, wenn sich ein Druck oder Unbehagen über Herz oder Lungen bemerkbar macht. Das anfänglich mögliche Schwindelgefühl dagegen ist Zeichen der erhöhten Sauerstoffaufnahme und braucht Sie nicht zu irritieren.

Akupressur ist auch im Sitzen oder Stehen möglich, zumindest anfangs sollte man sich aber aufs Bett legen, wann immer das möglich ist.

Zur Vorbeugung kann eine einmalige Anwendung am Morgen ausreichen, ansonsten behandeln Sie die Punkte drei- bis viermal täglich in möglichst gleichmäßigen Zeitabständen, wenn im Buch nichts anderes vorgeschrieben wird. Die Punkte werden meist mit Daumen, Zeige- oder Mittelfinger behandelt. Müssen größere Körperzonen beeinflußt werden, setzt man gleichzeitig beide Daumen oder Zeige-, Mittel- und Ringfinger zugleich an, am Bauch legt man auch die ganze Handfläche auf. Setzen Sie die Fingerkuppen fest auf den Punkt und führen Sie kreisende Bewegungen aus. Der Fingerdruck kann leicht schmerzhaft sein. Achten Sie aber darauf, daß nicht zu lange, spitze Fingernägel die Haut verletzen.

Leichte Punktmassage ist angezeigt an empfindlichen Körperstellen, vor allem am Auge. Sie kann bis zu dreißig Sekunden dauern. Die *mittelstarke Massage* eignet sich zur Behandlung der Bauchpunkte und dauert in der Regel nicht länger als 15 Sekunden.

Kräftige Pressur sollte sieben bis zehn Sekunden Dauer nicht überschreiten, damit nicht der zu starke Reiz der Heilung im Wege steht. Manche Punkte werden mehrmals hintereinander in kurzen Abständen behandelt. Die Pressur auf der Brust ist fast immer kräftig und wird mit Daumen oder Zeigefinger durchgeführt. Am Bauch darf kurz nach einer Mahlzeit nicht behandelt werden.

Nicht alle Punkte am Rücken können Sie selbst erreichen. Wenn keine Hilfsperson zur Stelle ist, legen Sie einfach eine harte Kugel auf eine feste Unterlage und lassen sich so darauf nieder, daß die Kugel genau den Behandlungspunkt berührt.

Wenn Sie alle diese Regeln beachten, die Ihnen nach ein wenig Üben in Fleisch und Blut übergehen, werden Sie auch bald erleben, was viele Patienten vor Ihnen als das »Wunder der Akupressur« bezeichneten.

Abc der Heilanzeigen

Abspannung – Ermüdung

Körperliche und geistige Ermüdung nach der Arbeit wird verursacht durch die Anhäufung von Stoffwechselschlacken in den Zellen. Diese normale Abspannung signalisiert das Erholungsbedürfnis des Körpers und soll vor Überanstrengung schützen. Wird die Übermüdung durch Willensanstrengung oder anregende Mittel wie Koffein überspielt, dann tritt nach kurzer Frist die Übermüdung und Erschöpfung unserer Leistungsreserven ein, die wesentlich länger als normale Ermüdung anhält. Chronische Erschöpfung führt zur verminderten Leistungsfähigkeit und erhöhten Anfälligkeit für Krankheiten. Deshalb dürfen Sie Akupressur nie dazu mißbrauchen, die Erholungsphasen längere Zeit einzuschränken.

Abnorme Ermüdbarkeit kennen wir als Folge schleichender Krankheiten, zum Beispiel der Leberfunktionsschwäche und -entzündung oder der Blutarmut. In solchen Fällen kann Akupressur wenig helfen, ehe der Arzt die Ursachen nicht beseitigt hat. Jede häufige oder dauernde abnorme Ermüdung und Mattigkeit muß immer Anlaß zur baldigen ärztlichen Untersuchung sein.

Eine Domäne der Akupressur sind jene Ermüdungszustände, die im Gefolge vegetativer und hormoneller Störungen, als Alterserscheinungen, bei niedrigem Blutdruck oder durch seelische Ursachen wie Unlust, Widerwillen und mangelnde Motivation entstehen. In solchen Fällen ist Akupressur allen Anregungsmitteln eindeutig vorzuziehen. Wenn Sie ausnahmsweise einmal die notwendige Erholung durch Akupressur hinauszögern wollen, dann muß sichergestellt sein, daß das Erholungsdefizit nachträglich ausgeglichen wird.

Tasten Sie zunächst an beiden Seiten des Halses an der Halsschlagader. Setzen Sie Zeige- und Mittelfinger so unter dem Kiefer an, daß die pulsierende Ader sich zwischen den Fingerkuppen befindet. Dann drücken Sie entlang der Arterie dreimal nicht zu stark von oben nach unten. Anschließend pressen Sie fest und gleichmäßig mit dem Daumen zuerst rechts, dann links vom Ohr am Kiefer entlang bis zur Halsarterie. Genügt dies noch nicht, drücken Sie viermal hintereinander jeweils fünf Sekunden lang in die Vertiefung in der Nackenmitte am unteren Ende der Schädelbasis. Etwa drei Zentimeter rechts und links davon tasten Sie nach den Kopfmuskeln, die Sie von oben nach unten massieren.

Wenn Sie wissen, daß zu niedriger Blutdruck die Ursache der Abspannung ist, dann sollten Sie zusätzlich die entsprechenden Punkte behandeln, bis der Blutdruck sich normalisiert.

Angina pectoris

Die Herzenge *(Stenocardie)* tritt anfallsweise auf und geht einher mit Atemnot, Beklemmung über der Brust und Schmerzen in der linken Brustseite, die in den linken Arm bis zur Hand, manchmal sogar entlang der linken Körperseite bis ins Bein und den Fuß ausstrahlen können. Wenn die Schmerzen unerträglich sind und von Todesangst und Vernichtungsgefühl begleitet werden, dann ist immer ein Herzinfarkt zu befürchten, der sofortige Einweisung in die Klinik notwendig macht.

Die *organische Stenocardie* entsteht durch Verkalkung der Herzkranzgefäße, wie sie heute bei vielen Menschen schon in relativ jungen Jahren nachweisbar ist. Durch die Verengung der Herzkranzgefäße gelangt zu wenig Sauerstoff zum Herzmuskel. Andere organische Ursachen sind Herzmuskelschäden, wie sie durch Infektionsherde, Mandelentzündungen, Gelenkrheumatismus oder Vergiftungen entstehen können.

Bei der *funktionellen Stenocardie* sind die Koronargefäße durch Nervosität, Streß, seelische Ursachen, Überanstrengungen oder Nikotinmißbrauch verkrampft und verengt, was wie die Verkalkung zum Sauerstoffmangel führt. Diese »nur« funktionelle Form der Angina pectoris darf man nicht auf die leichte Schulter nehmen. Im Laufe der Zeit schädigen die Anfälle den Herzmuskel, das funktionelle wird zum echten organischen Leiden.

Die meisten der Patienten sind Raucher und leiden an Bluthochdruck. Häufig finden wir erhöhte Blutfettwerte, beruflichen Streß, übermäßigen Ehrgeiz und private Konflikte als zusätzliche Risikofaktoren. Eine so schwerwiegende

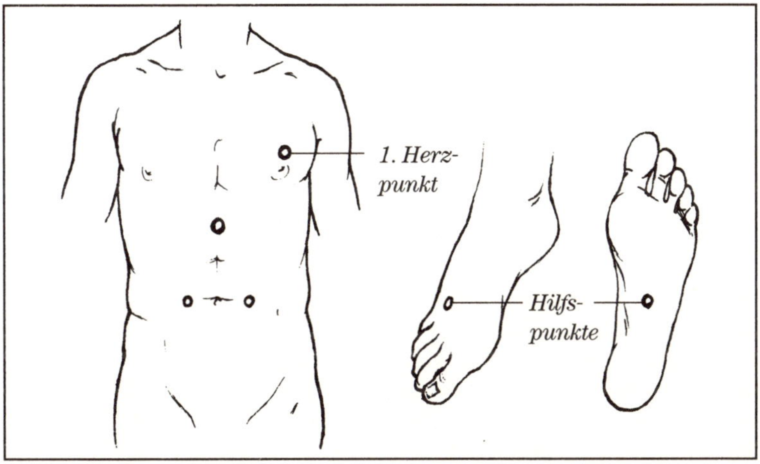

Abb. 20: Angina pectoris

Gesundheitsstörung wie die Herzenge darf natürlich nicht ohne Arzt behandelt werden. Die Heilung ist nur möglich, wenn gleichzeitig die Risikofaktoren ausgeschaltet werden; es genügt nicht, durch Akupressur künftigen Anfällen vorzubeugen oder den akuten Zustand rasch zu lindern. Nur der Arzt kann diese Risiken erkennen und entsprechend behandeln. Außerdem kann nur er mit Sicherheit feststellen, ob eine organische oder eine funktionelle Stenocardie vorliegt, die unterschiedlich behandelt werden müssen.

Zur Vorbeugung wie zur raschen Linderung des akuten Anfalls pressen Sie zunächst den Punkt genau unter dem Brustbein und den ersten Herzpunkt etwas oberhalb der Brustwarze. Genügt dies nicht, suchen Sie rechts und links vom Nabel die beiden druckempfindlichen Stellen und drücken hier nicht zu kräftig. Hilfspunkte mit Fernwirkung sind auf dem vierten Mittelfußknochen oberhalb der vierten Zehe am Fußrücken und in der Mitte der Fußsohle.

Dem Infarktrisiko beugen Sie vor, indem Sie den Beruhigungspunkt des Kreislaufmeridians am inneren Unterarm drei Fingerbreit über der oberen Handwurzelfalte pressen. Gegen Streß hilft Pressur der Punkte des »Göttlichen Gleichmuts«, die in den Vertiefungen seitlich außen unterhalb der Kniescheibe liegen. Wenn Sie an hohem Blutdruck leiden, behandeln Sie zunächst auch die hierzu genannten Punkte.

Anregung – Leistungssteigerung

Aufputschmittel können unsere Leistungsfähigkeit nur kurzfristig erhöhen, mit dem Ende ihrer Wirkung fällt die Leistungskurve stark ab, eine längere Erholungsphase wird notwendig. Dauernde Verabreichung solcher Stimulantia kann zur raschen Erschöpfung aller Reserven führen. Eine echte, dauerhafte Leistungssteigerung ist nur durch regelmäßiges geistiges oder körperliches Training zu erzielen. Akupressur regt die Lebenskraft und Vitalität an, putscht aber nicht auf. Dadurch wird das Durchhaltevermögen gefördert, das Training begünstigt.

Suchen Sie in der Nackenmitte am Ende der Schädelbasis die Vertiefung, heben Sie den Kopf leicht an, und pressen Sie sieben Sekunden lang mit dem Daumen kräftig in diese Grube.

Wenn Sie diese Übung regelmäßig morgens durchführen, werden Sie sich bald wohler und leistungsfähiger fühlen.

Appetitmangel

Vorübergehend verminderte oder ganz aufgehobene Eßlust ist bei manchen Erkrankungen eine sinnvolle Schutzmaßnahme des Körpers. Der Organismus soll vorübergehend von der Verdauungsarbeit entlastet werden, um sich ganz auf die Krankheitsabwehr zu konzentrieren. Dagegen ist länger andauernde Appetitlosigkeit immer ein ernstes Krankheitszeichen und muß Anlaß zur ärztlichen Untersuchung sein.

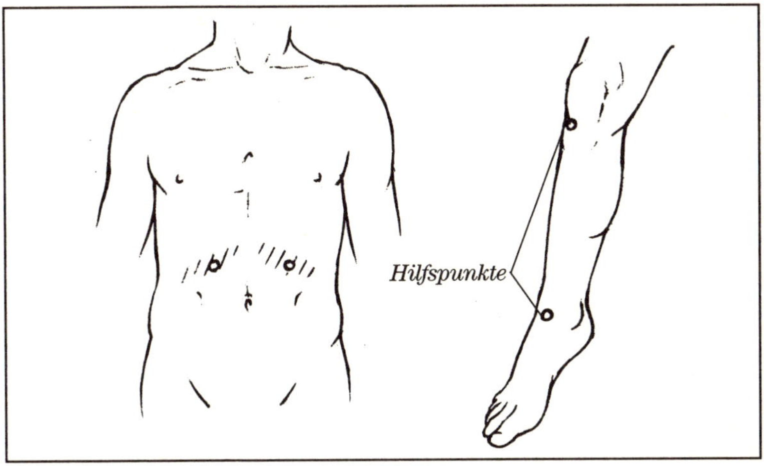

Abb. 21: Appetitmangel

Akupressur ist indiziert, wenn uns etwas den »Appetit verschlagen« hat, also bei seelisch bedingtem Appetitmangel.
Zunächst massieren Sie das Gewebe unter der letzten Rippe und pressen den Daumen in die Vertiefungen seitlich unter den Kniescheiben außen. Zusätzlich dazu können Sie am Übergang vom Fußrücken zum Unterschenkel kräftig drücken.

Aufwachstörungen

Für viele Menschen ist das Erwachen eine tägliche Qual. Manche liegen stundenlang wach, ehe sie aufstehen müssen, andere fallen erst in den frühen Morgenstunden in bleiernen Schlaf, aus dem sie nur langsam herausfinden, geplagt von Schwindelanfällen und schwerem Kopf.
Hinter dieser Morgenmüdigkeit kann sich eine latente Zuckerkrankheit, Blutarmut, Vitaminmangel, eine Störung der Schilddrüsenfunktion oder ein chronischer Krankheitsherd verbergen. Psychische Ursachen sind Streß, Arbeitsunlust oder Angst vor den Aufgaben und Problemen des neuen Tages. Oft läuft auch die innere »biologische Uhr« dieser »Morgenmuffel« anders als ihr äußerer Lebensrhythmus. Nachtmenschen kommen am Morgen nur schwer in Gang und erreichen erst am späten Nachmittag ihre volle Leistungsfähigkeit. Wer ohne Wecker nicht munter wird, morgens nie Appetit hat und auf Kaffee zur Aufmunterung nicht verzichten kann, der gehört mit großer Wahrscheinlichkeit zu den Nachtmenschen. Exakt zu erkennen sind Morgen- und Nachtmenschen am Verhältnis der Herzschläge zu den Atemzügen nach dem Erwachen, das gewöhnlich vier zu eines be-

trägt. Beim Morgenmenschen schlägt das Herz nach dem Aufwachen schneller, das Verhältnis liegt über vier Herzschläge zu einem Atemzug, beim Nachtmenschen kommen morgens auf einen Atemzug weniger als vier Herzschläge.

Gewöhnlich ist es dem Nachtmenschen nicht möglich, seine Arbeitszeit der inneren Uhr anzupassen. Wenn organische Ursachen der Morgenmüdigkeit durch ärztliche Untersuchung ausgeschlossen wurden, dann hilft folgende Akupressur-Behandlung:

Massieren Sie mit beiden Daumen gleichzeitig leicht kreisend die Schädelmittellinie von der Stirn über die Schädeldecke bis hinunter zum Nacken.

Sie erfassen dabei alle wichtigen Punkte auf dem Schädeldach und werden rasch munter und leistungsfähig. Diese Behandlung hilft auch bei Alkohol-Kater und Morgenmüdigkeit wegen Wetterwechsels (Wetterfühligkeit).

Augenschmerzen

Augenschmerzen und Druckgefühle entstehen durch Erkrankungen wie Augenschwäche *(Astenopie)*, Entzündungen der Augenhäute oder der Sehnerven, gesteigerten Augeninnendruck und bei Verletzungen des Auges. Ist der Augenschmerz mit Stirnkopfschmerz, Übelkeit, Brechreiz und Nebel- oder Farbringsehen verbunden, müssen Sie sofort den Augenarzt aufsuchen. Diese Symptome deuten meist auf einen akuten Glaukomanfall *(Grüner Star)* hin, der unbehandelt binnen weniger Stunden zur Erblindung führen kann. Auch alle anderen möglicherweise organisch verursachten Augenschmerzen müssen fachärztlich untersucht werden, damit keine Dauerschäden entstehen.

Akupressur ist dann angezeigt, wenn der Augendruck oder -schmerz eindeutig auf Überanstrengung, Schlafmangel, Wetterfühligkeit oder Kater zurückzuführen ist. In solchen Fällen befreit

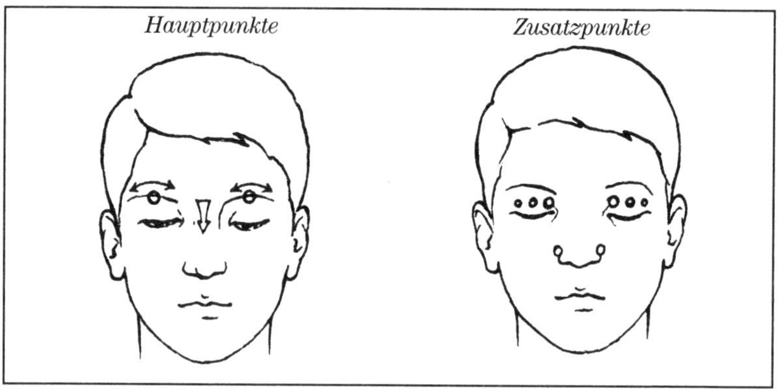

Abb. 22: Augenschmerzen

Akupressur Sie rasch von den quälenden Beschwerden.
Legen Sie den Zeigefinger auf die Mitte der Augenbraue und reiben Sie unter leichtem Druck auf dem Knochen hin und her. Hilft das noch nicht, massieren Sie mit Daumen und Zeigefinger die Haut an der Nasenwurzel von oben nach unten, wobei Sie den Fingerdruck auf der Höhe der Augenbraue leicht verstärken. Dann klopfen Sie mit dem Zeigefinger rechts und links gegen die Nasenflügel.
Erst wenn auch das noch nicht genügt, schließen Sie die Augen und klopfen mit den Fingerkuppen vom inneren Augenwinkel nach außen leicht gegen die geschlossenen Augenlider beider Augen.

Bandscheibenschäden

Die Bandscheiben liegen als elastische Puffersubstanz zwischen den Wirbelkörpern. Sie bestehen aus einem äußeren Faserring und dem inneren Gallertkern. Mit zunehmendem Alter läßt die Elastizität der Bandscheiben nach, meist zuerst an den besonders stark beanspruchten letzten beiden Bandscheiben der Lendenwirbelsäule. Die Symptome des Bandscheibenschadens reichen von Rückenschmerzen oder Hexenschuß bis zu teilweisen Lähmungen, die entstehen, wenn der äußere Faserring einreißt und der austretende Gallertkern auf die Nervenwurzeln drückt. Letzteres erfordert sofortige Operation, ehe dauernde Lähmungen zurückbleiben.

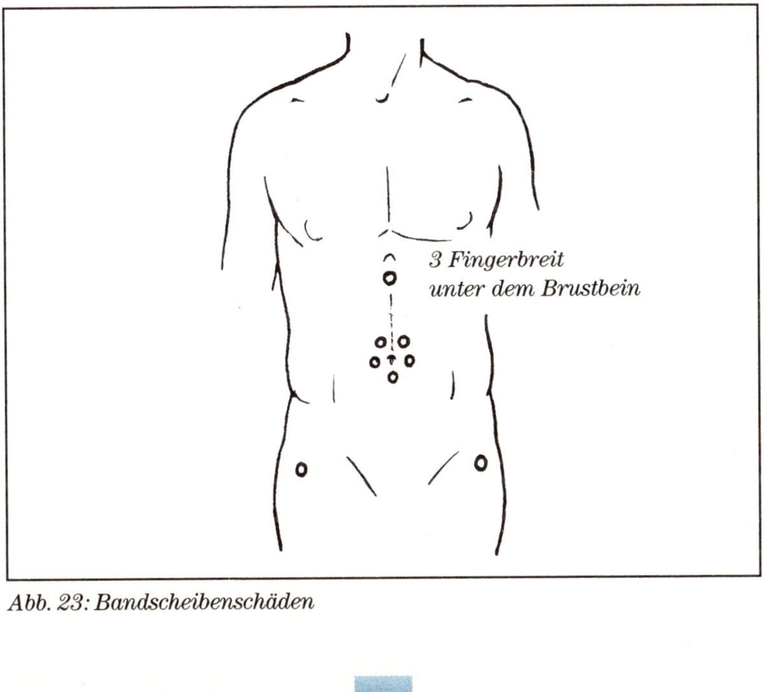

Abb. 23: Bandscheibenschäden

Die Schäden an den Zwischenwirbelscheiben können nicht mehr rückgängig gemacht werden, die Behandlung verhindert die Verschlimmerung des Leidens und lindert die Schmerzen. Auch Akupressur kann die Bandscheibenschäden nicht heilen, sie hilft vor allem gegen den quälenden Schmerz, so daß auf schmerzstillende Arzneimittel verzichtet werden kann. Ergänzt wird die Akupressur durch Bäder, Massage, Krankengymnastik, manchmal auch durch Versorgung mit einem stützenden Mieder.

Bandscheibenschäden sollten nie ohne Arzt behandelt werden. Je früher Sie sich an Fachleute wenden, desto eher können weitere Schäden verhindert werden. Geben Sie sich nicht mit der Schmerzlinderung durch Akupressur zufrieden, das Leiden selbst schreitet ohne ärztliche Hilfe unaufhaltsam fort. Durch Abtasten der Wirbelsäule suchen Sie zunächst das Schmerzzentrum. Pressen Sie den Zeigefinger so fest zwischen die beiden betroffenen Wirbel, daß ein jäher Schmerz auftritt. Dies wiederholen Sie im Abstand von 30 Minuten so lange, bis Ihre Schmerzen spürbar nachlassen. Zusätzlich können Sie den Punkt zwei bis drei Fingerbreit unter dem Brustbein pressen, rund um den Nabel behandeln oder außen am Ansatz der Oberschenkel drücken. Nützt diese Behandlung nicht, versuchen Sie es mit den bei Kreuz- und Rückenschmerzen genannten Punkten.

Schäden im Bereich der Hals- und Brustwirbelsäule sind seltener und werden in der gleichen Weise behandelt.

Bettnässen

Die Unfähigkeit, den Harnabgang willkürlich zu steuern, entsteht besonders bei Mädchen nicht selten durch Mißbildungen der Harnwege oder der Wirbelsäule, vorübergehend auch bei Entzündungen der Blase. Sehr oft aber ist Bettnässen die Folge psychischer Störungen und falscher Erziehung. So kann dahinter beispielsweise der Wunsch nach mehr Beachtung stehen, der durch die immer falsche Bestrafung in negativem Sinne erfüllt wird.

Wenn Kinder vom dritten Lebensjahr an noch das Bett verunreinigen, dann ist immer eine ärztliche Untersuchung notwendig. Wird dabei keine organische Ursache festgestellt, liegen seelische Gründe vor, die fast immer durch psychotherapeutische Behandlung des Kindes und Erziehungsberatung der Eltern behandelt werden müssen. Akupressur kann die psychischen Ursachen kaum beeinflussen, das Bettnässen aber physisch möglicherweise so lange verhindern, bis die Psychotherapie wirksam wird. Bei Mißbildungen und anderen organischen Schäden bleibt Akupressur meist wirkungslos, nur das vorübergehende Bettnässen infolge einer Blasenentzündung kann durch zusätzliche Pressur der dort genannten Punkte ursächlich behan-

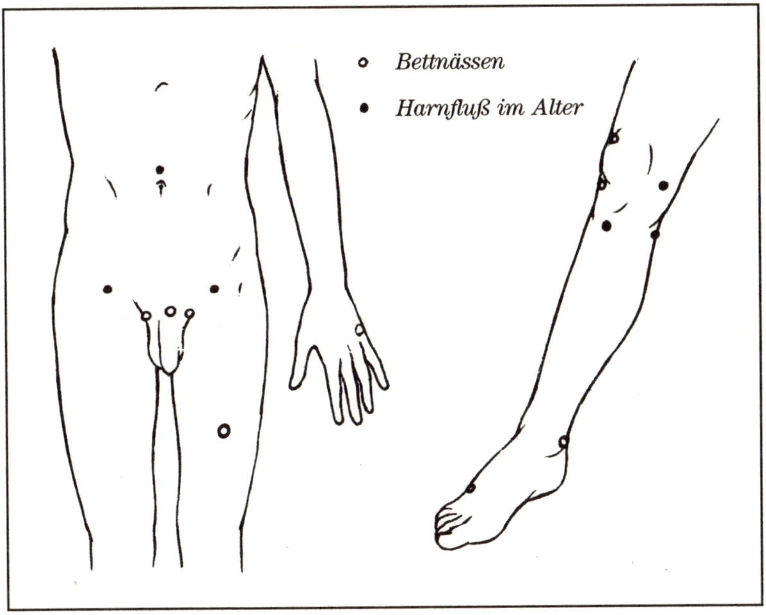

Abb. 24: Bettnässen

delt werden. Die Punkte sind vor dem Schlafengehen dreimal mit kurzen Pausen in der gleichen Reihenfolge zu beeinflussen. Zunächst pressen Sie über dem kleinen Finger gegen den fünften Mittelhandknochen und über der kleinen Zehe auf dem fünften Mittelfußknochen. Behandeln Sie diese Punkte immer an beiden Händen und Füßen. Danach drücken Sie außen am Kniegelenk, in Oberschenkelmitte, in der Schamgegend und abschließend am inneren Fußknöchel.

Beim Harnfluß im Alter ist immer ärztliche Kontrolle notwendig. Die Spezialpunkte liegen einen Fingerbreit über dem Nabel, in der Leistengegend, innen am Knie, drei Fingerbreit unter dem Knie und etwas unterhalb der Kniekehle.

Blasenentzündung

Die Harnblasenentzündung ist keineswegs so harmlos, wie vielfach angenommen wird. Eine nicht energisch und lange genug – mindestens drei Monate – durchgeführte Behandlung begünstigt den Übergang der akuten in die chronische Form, die sich in den Harnleiter, Nierenbecken und das Nierengewebe fortsetzen kann und dann bedrohliche Auswirkungen hat. Symptomatisch sind Schmerzen beim Wasserlassen, die gegen Ende der Harnleerung zunehmen, vermehrte Entleerung der Harnblase, Brennen in der Harnröhre,

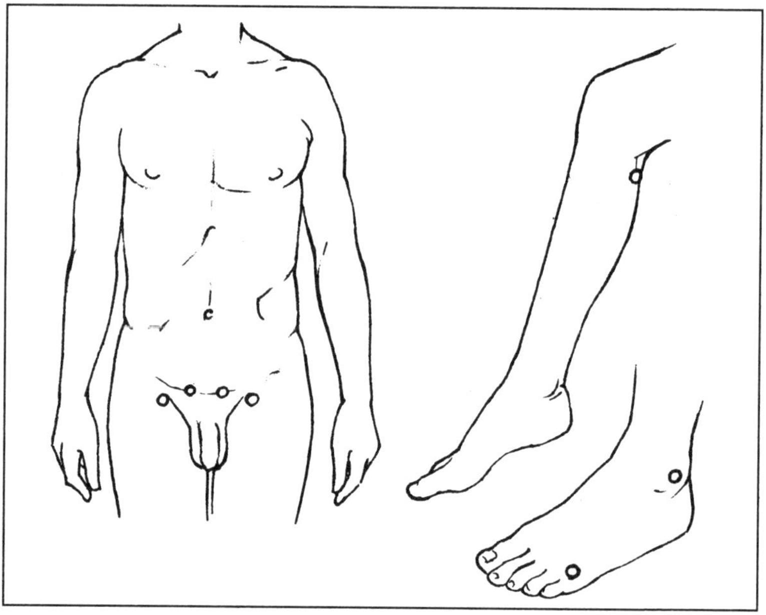

Abb. 25: Blasenentzündung

manchmal Bettnässen, dazu Allgemeinerscheinungen wie Kopfschmerz, Müdigkeit, Übelkeit, belegte Zunge und Augenringe. Verursacht wird die Entzündung durch sehr widerstandsfähige Erreger, die durch kalte Füße oder Zugluft begünstigt werden.

Kräutertees (Bärentraubenblätter) sollten nur in leichten Fällen ohne nennenswerte Beeinträchtigung des Allgemeinbefindens verabreicht werden, wenn der Arzt zustimmt. Meist wird er aber die pflanzlichen Wirkstoffe konzentriert in Tablettenform verordnen oder starke Desinfektionsmittel einsetzen, die erst in der Harnblase wirksam werden. Akupressur soll vor allem die unangenehmen Symptome lindern und die Ausheilung begünstigen, nur in leichten Fällen wird sie auch allein zur Ausheilung genügen.

Zur Behandlung pressen Sie den Daumen in die Leistenfalte und massieren über der Schamfuge. Dann drücken Sie mit dem Mittelfinger den Punkt etwa unterhalb der Kniekehle, massieren den äußeren Fußknöchel und abschließend den fünften Mittelfußknochen über der kleinen Zehe.

Therapiestützend meiden Sie saure Speisen und Zutaten wie Sauerbraten oder Essig, Früchte wie Orangen und Zitronen, Gewürze wie Pfeffer, Senf und Zwiebeln, ferner Bier, Weißwein und andere alkoholische Getränke, Kaffee und

Schwarztee. Trinken Sie ausreichend – etwa einen Liter täglich – aber nicht zuviel.

Blutdruck, zu niedriger

Liegt der Druck, mit dem das Blut beim Zusammenziehen der Herzkammer (Systole) in den Körperkreislauf gepreßt wird, unter 100 mm Hg, dann reicht er nicht mehr aus, um ausreichende Blutmengen durch die Gefäße zu treiben. Häufig ist diese *Hypotonie* konstitutionell bedingt, also angeboren. Auch infolge vegetativer Fehlregulationen, bei Blutarmut oder Depressionen kommt es zum Hypotonus. Schließlich können Schreck und Unfallschock mit oder ohne Blutverlust vorübergehend zur maximalen Erweiterung der Blutgefäße mit Versacken des Blutes führen (Ohnmacht). Wenn der Blutunterdruck Folge einer Krankheit ist, kann er dauerhaft nur durch Therapie dieser Erkrankung beseitigt werden. Der konstitutionelle arterielle Unterdruck dagegen ist nicht als Krankheit zu verstehen, kann aber wegen der raschen Ermüdbarkeit, den Schwindelanfällen und der Neigung zu Kopfschmerzen sehr lästig sein und sollte deshalb durch Akupressur geregelt werden. Ein Trost für alle Hypotoniker: Infolge der mit dem niedrigen Blutdruck verbundenen Kreislaufschonung haben sie eine nachweislich höhere Lebenserwartung und sind im Gegensatz zu Hypertonikern durch Schlaganfall oder Herzinfarkt kaum gefährdet. Wegen der günstigeren Blutverteilung lassen die Beschwerden im Liegen meist nach, um beim Aufrichten nach nächt-

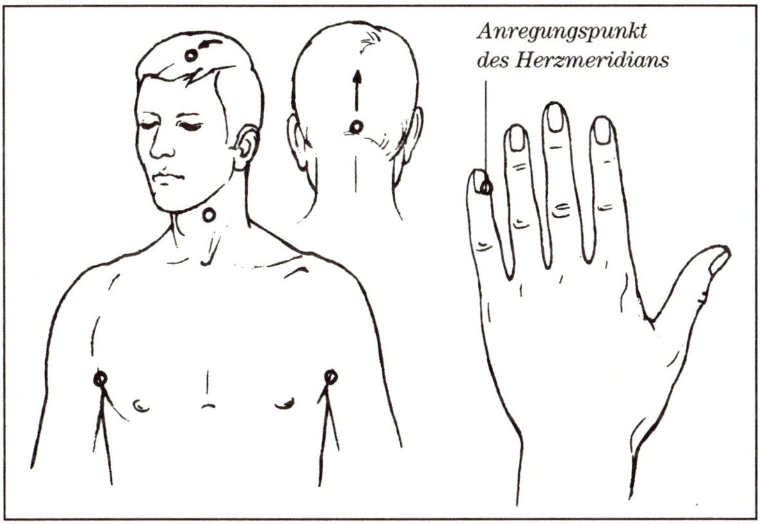

Abb. 26: Blutdruck, zu niedriger

licher Ruhe verstärkt wieder aufzutreten. Deshalb empfiehlt es sich, mit der Akupressur noch im Bett zu beginnen.
Zuerst drücken Sie seitlich des Adamsapfels kräftig gegen die Halsschlagader. Durch Pressur der Vertiefung in Nackenmitte am Ende der Schädelbasis wird der Kreislauf zusätzlich aktiviert. Streichen Sie von dieser Grube entlang der Mittellinie aufwärts zur Schädeldecke und massieren Sie kräftig die Kopfhaut. Genügt dies nicht, suchen Sie im Nagelwinkel des kleinen Fingers innen die auf Druck leicht schmerzhafte Stelle, die Sie eine halte Minute lang kräftig mit dem Daumennagel der anderen Hand massieren. Die Stelle soll leicht schmerzen, die Haut darf aber nicht verletzt werden. Diesen Anregungspunkt des Herzmeridians können Sie auch im Laufe des Tages überall unauffällig behandeln, wenn Ihnen schwindlig wird. Ein Hilfspunkt, den Sie kräftig mit dem Daumen pressen, liegt vorne am Ansatz der Achselhöhle. Behandeln Sie die Hauptpunkte mindestens dreimal täglich, den Anregungspunkt im Nagelwinkel zusätzlich bei Bedarf.

Bluthochdruck

Als *Hypertonie* wird heute jede Erhöhung der Blutdruckwerte über die Norm von 80 mm Hg diastolisch und 120 mm Hg systolisch verstanden. Es trifft keineswegs zu, daß der systolische Blutdruckwert 100 plus Lebensalter betragen soll, vielmehr ist dies die oberste Grenze, die eben noch toleriert wird, aber nicht mehr als Norm gelten kann. Die Statistiken der Lebensversicherungsgesellschaften beweisen einwandfrei, daß das Risiko des Herztodes bei einem Blutdruckwert von 130 mm Hg schon um 50 Prozent höher liegt als bei 110 mm Hg. Deshalb soll auch die geringfügigste Hypertonie energisch behandelt werden.
Bluthochdruck selbst ist keine Krankheit, sondern Symptom einer anderen Gesundheitsstörung, kann aber bei längerem Bestehen andere ernste Gesundheitsstörungen hervorrufen.
Ständige Reizüberflutung ist eine der Ursachen der Hypertonie, der wir alle mehr oder weniger ausgesetzt sind und die oft schon bei jungen Menschen zum gefährlichen, weil besonders lange auf das Gefäßsystem einwirkenden »juvenilen Hypertonus« führt. Streß, dauernde Nervenanspannung, Hetze, Hektik, innere Konflikte, Nikotinmißbrauch, Drüsenstörungen, Herdinfektionen beispielsweise an Mandeln, Zähnen oder Nebenhöhlen, Fettleibigkeit, Nieren- und Blutkrankheiten, Arteriosklerose oder Allergien sind weitere Ursachen des Bluthochdrucks.
Wir unterscheiden den dauernd erhöhten stabilen vom zeitweise erhöhten labilen Hochdruck. Der schwankende Blutdruck gefährdet die Gefäße stark und wird als eine wesentliche Ursache der Gefäßverkalkung verdächtigt.
Im ersten Hochdruckstadium sind die Hautgefäße meist erweitert, die

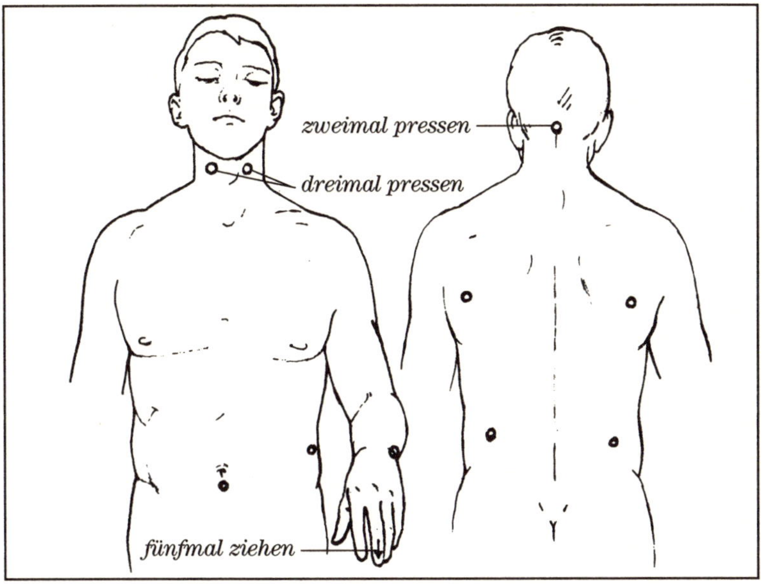

Abb. 27: Bluthochdruck

Patienten wirken vital und gesund und leiden nur gelegentlich unter Kopfschmerzen und Schwindelgefühl. Unbehandelt entsteht im Laufe der Zeit eine Nierenschädigung. Die geschädigte Niere gibt eine Substanz ab, die zu Gefäßkrämpfen mit Mangeldurchblutung führt, der »rote« geht in den gefährlichen »blassen« Hochdruck über. Während der diastolische Wert im ersten Stadium oft noch normal bleibt, steigt er jetzt immer auf über 100 mm Hg an. Die Kopfschmerzen nehmen zu, Ohrensausen, Schwindel, abnorm rasche Ermüdbarkeit, Gedächtnisschwäche und andere Störungen der Gehirnfunktionen treten hinzu, die bereits als Vorboten des später drohenden Schlaganfalls zu beurteilen sind. Das Herz wird überdehnt, bis es zu Klappenfehlern und Herzleistungsschwäche kommt. Frühzeitig ist durch Harnuntersuchung die drohende Schrumpfniere nachzuweisen, die unbehandelt zu Wassersucht und Tod führt. Es kann nicht eindringlich genug wiederholt werden: Frühzeitige, konsequente, wenn nötig lebenslange Behandlung ist auch bei nur leicht erhöhtem Blutdruck immer notwendig. Die Therapie muß zusammen mit dem Arzt durchgeführt werden, der den Blutdruck kontrolliert und mögliche Folgen der Hypertension frühzeitig erkennt und behandelt.

Regelmäßige Akupressur bewahrt zuverlässig vor Schlaganfall und anderen Risiken des Bluthochdrucks. Pressen Sie zunächst auf der Höhe des Adamsapfels dreimal mit dem Zeigefinger gleichzeitig rechts und links auf die Halsschlagader, wobei Sie tief einatmen sollten. Danach drücken Sie zweimal in die Vertiefung in Nackenmitte unterhalb der Schädelbasis. Setzen Sie dann die Finger beider Hände unter dem Nabel an und pressen das Gewebe nicht zu stark. Abschließend sollten Sie auf der Außenseite des Handgelenks in Höhe der Handgelenksfurche drücken und fünfmal kräftig an der Spitze des Mittelfingers ziehen. Wenn dies nicht ausreicht, pressen Sie hinter den Schultern, etwas oberhalb der Hüften und seitlich am Ende der elften Rippe.

Bronchitis

Die Entzündung der Bronchien ist immer eine ernste, unter ärztlicher Kontrolle auszuheilende Krankheit. Die akute Form beginnt mit Schüttelfrost, hohem Fieber, Schmerzen in der Lunge und starkem Husten mit eitrigem, gelb bis dunkelgrün gefärbtem Auswurf. Viele Erreger der Bronchitis sind heute schon resistent gegen Antibiotika, weshalb die Therapie oft schwierig ist. In schweren und hartnäckigen Fällen eitriger Bronchitis hat sich oft der Verzehr von Knoblauch bewährt, dessen antibiotikaähnlich wirkende Öle vorwiegend über die Lungen ausgeschieden werden.
Chronische Bronchitis verläuft oft symptomarm mit Husten, an den der Patient sich gewöhnt, leicht erhöhter Temperatur und wenig beeinträchtigtem Allgemeinbefinden. Wegen der drohenden Spätfolgen einer Bronchitis müssen hohe Dosen Antibiotika über längere Zeit hinweg verabreicht werden. Zur Lösung der Bronchialkrämpfe und der Verschleimung

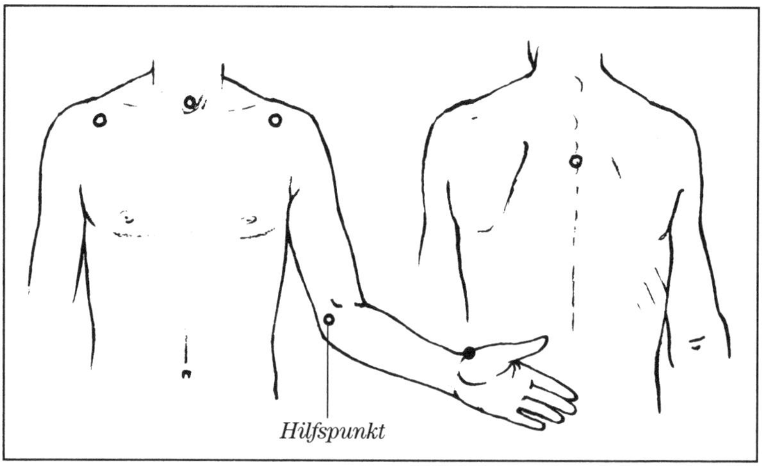

Abb. 28: Bronchitis

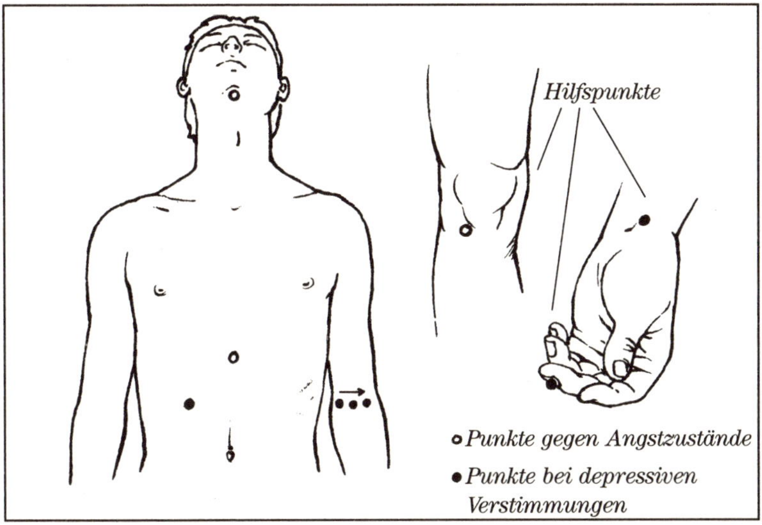

Abb. 29: Depression

gibt man zusätzlich entsprechende Arzneimittel.

Akupressur unterstützt in beiden Fällen die Therapie und kann – frühzeitig angewendet – meist zuverlässig verhindern, daß aus dem Bronchialkatarrh überhaupt eine Bronchitis entsteht. Pressen Sie zunächst in die Vertiefung unter der Kehle. Dann suchen Sie an der Schulterseite eine weitere Vertiefung, die rechts und links behandelt wird. Schließlich drücken Sie am Rücken über dem vierten Brustwirbel. Genügt dies noch nicht, können Sie die Punkte innen am Ellbogen und am inneren Handgelenk über dem Daumen zusätzlich beeinflussen.

Depression – Angstzustände

Die Angst vor dem Nichts, vor der Sinnlosigkeit menschlicher Existenz, ist ein Bestandteil menschlichen Lebens. Falsch wäre es, diese gegenstandlose Angst verdrängen zu wollen, wie es der neurotische Mensch vergebens versucht. Martin Heidegger nennt die Angst eine »Grundbefindlichkeit unserer Existenz«. Mit diesem Phänomen müssen wir leben, wie es unsere Vorfahren konnten und unsere Nachkommen lernen müssen. Von dieser Angst zu unterscheiden ist die konkrete Furcht, zum Beispiel die Furcht vor Bestrafung.

Angst kann auch im Gefolge körperlicher und seelischer Krankheiten entstehen. Angina-pectoris-Anfälle zum Beispiel werden häufig von solchen Angstgefühlen begleitet. Schließlich ist Angst symptomatisch für Neurosen, Depression und manche Geisteskrankheiten. Im Verlauf schwerer

Neurosen entwickeln die Patienten manchmal Abwehrmechanismen gegen die Angst, wie z.B. Zwangshandlungen.
Zu starke Angst erzeugt die Angst vor dieser Angst, ein Krankheitsbild, das wir als *Phobophobie* bezeichnen.
Zwangshandlungen und Psychosen erfordern immer fachärztliche Behandlung, Akupressur kann hier wenig ausrichten. Dagegen sprechen andere Angstzustände, wie sie durch organische Krankheiten, Streß, Überanstrengung, leichte neurotische Störungen oder depressive Verstimmungen ausgelöst werden, auf Akupressur gut an. In jedem Fall sollte man zumindest einige Tage lang Akupressur anwenden, ehe man zu Tranquilizern greift, die nicht wie die Akupressur das Gleichgewicht wieder herstellen, sondern die Angst und ihre Ursachen nur überdecken.
Die beiden Angst-Punkte liegen in der Körpermittellinie auf dem Wundermeridian »Direktor«, der über Bauch und Brust zur Kinnspitze zieht. Der erste Punkt befindet sich genau an der Kinnspitze unter dem Unterkieferknochen, der zweite am unteren Ende des Brustbeins. Zusätzlich können Sie die Punkte des »Göttlichen Gleichmuts« pressen, die sich seitlich außen unterhalb der Kniescheibe befinden.
Endogene Depressionen, die auf vererbter Anlage beruhen und als *Zyklothymie* oder manisch-depressive Krankheit in Phasen ablaufen, können nur durch den Facharzt behandelt werden. Akupressur hilft gegen Schwermut, Niedergeschlagenheit und depressive Verstimmungen, wie sie bei Wetterfühligkeit, nach Mißerfolgen und Enttäuschungen entstehen können. Suchen Sie in diesen Fällen schon bei den ersten Anzeichen am rechten Oberbauch die empfindlichste Stelle und drücken Sie hier mit Mittel- und Zeigefinger nicht zu fest. Danach pressen Sie Zentimeter um Zentimeter von innen nach außen gegen die Ellbogenfalte.
Zusätzlich können Sie die Pulsstelle am Handgelenk kräftig massieren oder mit dem Daumen den Mittelfinger der anderen Hand am Nagel stark pressen.

Durchfall

Dünner, abnorm häufiger Stuhlgang, der oft schmerzhaft ist, entsteht durch Gifte, Infektionen, Darmentzündungen, Funktionsschwäche der Bauchspeicheldrüse, Mangel an Magensäure, Enzymstörungen, Gallenblasensekretmangel, aber auch durch allergische oder nervöse Anfälligkeit.
Grundsätzlich gilt: Lassen Sie den Durchfall einen Tag lang unbehandelt, damit alle Schadstoffe ausgeschieden werden. An den ersten beiden Tagen nehmen Sie außer ungesüßtem Tee keine Nahrung zu sich. Danach bauen Sie mit Haferschleim, Zwieback, später Karotten, Kartoffelbrei, Fisch und Hühnerfleisch allmählich wieder die gewohnte Vollkost auf. Essen Sie

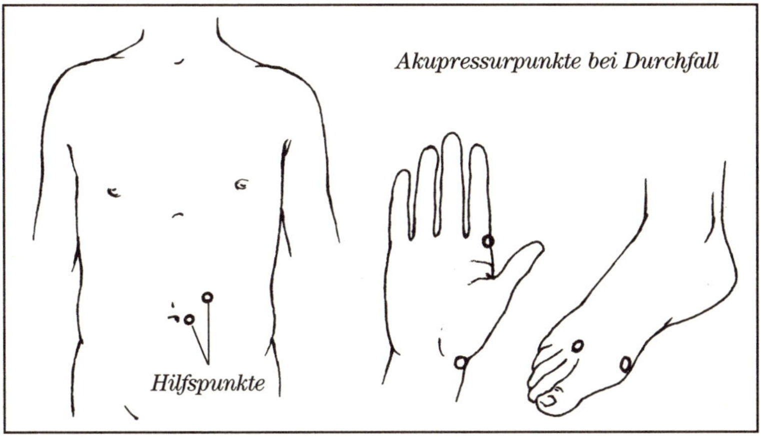

Abb. 30: Durchfall

in kleinen Portionen. Tritt als Reaktion eine Stuhlverstopfung ein, Hände weg von Abführmitteln! Behandeln Sie diese reaktive Verstopfung nur mit Buttermilch, Leinsamen und Pressur der dazu genannten Punkte.

Wenn der Durchfall mit Fieber und Mattigkeit verbunden ist, rufen Sie unbedingt den Arzt. Durchfall, der trotz Akupressur und Diät länger als zwei Tage dauert, muß ärztlich behandelt werden; der sonst entstehende Wasser- und Elektrolytverlust könnte tödlich sein. Treten im Verlauf des Durchfalls plötzlich Krämpfe auf, veranlassen Sie sofort stationäre Behandlung, dieser Zustand kann akut lebensbedrohlich sein!

Bedenken Sie auch: Nicht richtig ausgeheilter Durchfall kann in eine chronische Darmentzündung übergehen, die lebenslange Beschwerden verursacht. In den meisten Fällen genügt Akupressur, mit der Sie am zweiten Tag beginnen, und Einhaltung der Diät. Pressen Sie nacheinander die Mitte des Fußrückens, das Gewebe zwischen zweiter und dritter Zehe und über der großen Zehe die Innenseite des ersten Mittelfußknochens. Dann massieren Sie das untere Zeigefingergelenk zur Daumenseite und die Innenfläche des Handgelenks. Zusätzlich können Sie mit dem Zeigefinger seitlich des Nabels und schräg darüber in die Bauchdecke pressen.

Eingeschlafene Glieder

Mißempfindungen wie Einschlafen der Glieder, Kribbeln oder »Ameisenlaufen« können bei Durchblutungsstörungen durch Arteriosklerose oder Verkrampfungen, aber auch bei ungünstiger Haltung des Glieds (längere Zeit angewinkelt) auftreten. Andere Ursachen sind vegetative Störungen oder Nervenreizungen durch Schäden an der

Wirbelsäule. Der Arzt sollte immer aufgesucht werden, wenn solche Parästhesien länger dauern oder häufig auftreten. Zur Soforthilfe pressen Sie am inneren Unterarm den Punkt zwei Fingerbreit über der Pulsstelle oder am Unterschenkel vier Fingerbreit über dem inneren Knöchel.

Erbrechen

Die krampfhafte Entleerung des Magens durch die Speiseröhre wird immer durch Erregung des Brechzentrums im Zwischenhirn ausgelöst. Zweckmäßig und erwünscht ist Erbrechen nur dann, wenn es durch Infektionen oder Gifte entsteht, da in solchen Fällen die Schadstoffe rasch wieder ausgeschieden werden sollen. Andere Ursachen sind direkte Einwirkungen auf das Gehirn (Erschütterung), Stoffwechselvergiftungen, Blinddarmentzündungen, Gallen- und Nierenkoliken, Magengeschwüre, Darmverschluß (Kotbrechen), manchmal Krampfhusten. Schließlich kennen wir das Erbrechen bei Schwangerschaft, als Zeichen der Reisekrankheit und ausgelöst durch seelische Faktoren, beispielsweise Abscheu oder Ekel.

Häufiges Erbrechen ist immer sehr ernst zu nehmen, da es zum lebensbedrohlichen Elektrolyt- und Flüssigkeitsverlust führt. Deshalb ist in solchen Fällen ärztliche Kontrolle notwendig. Zwar kann jede Form des Erbrechens durch Akupressur beeinflußt werden, die rasche Hilfe macht in den genannte Fällen den Gang zum Arzt aber nicht überflüssig, der nach den Ursachen suchen und sie ausschalten muß.

Zunächst pressen Sie mit dem Daumen innen ans Gelenk der anderen Hand. Dann drücken Sie

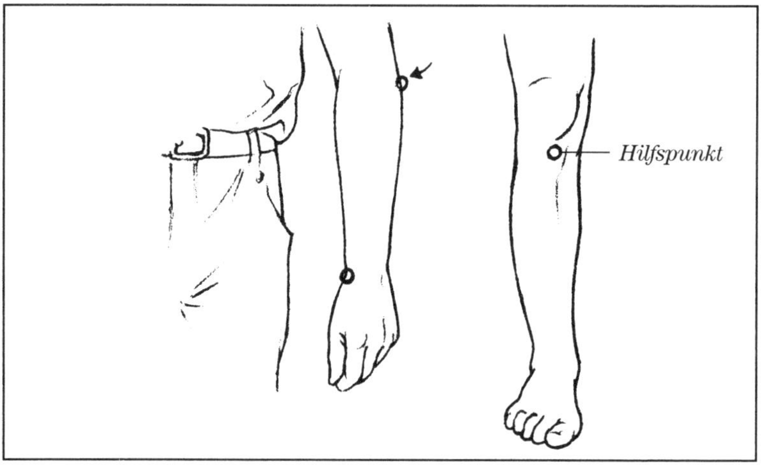

Abb. 31: Erbrechen

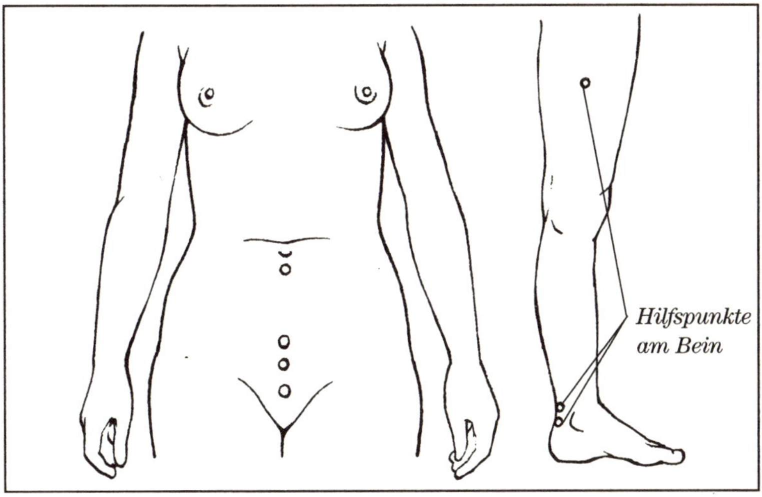

Abb. 32: Frigidität

außen am Arm mit dem Finger in die Ellbogenfalte. Hilfsweise können Sie unterhalb der Kniescheibe fest aufs Bein pressen.

Die risikolose Akupressur ist ganz besonders beim Schwangerschaftserbrechen zu empfehlen. Fahrer von Kraftfahrzeugen, die zur Reisekrankheit neigen, die üblichen Tabletten wegen der Gefahr der verminderten Reaktionsfähigkeit im Verkehr aber nie anwenden dürfen, können den Brechreiz durch diese Akupressur-Behandlung risikolos beseitigen.

Frigidität

Frigidität, oft fälschlich mit Gefühlskälte verwechselt, ist eine in fast allen Fällen seelisch verursachte psychische Erkrankung und bedarf langwieriger psychotherapeutischer Hilfe. Wenn organische Ursachen ausgeschlossen wurden, ist Akupressur immer angezeigt und sehr oft erfolgreich. Pressen Sie zunächst auf der Mittellinie des Bauchs vier Punkte, die sich direkt unter dem Nabel, eine Handbreit tiefer, über der Scham und auf dem Schambeinhöcker befinden. Genügt dies nicht, drücken Sie zusätzlich in mittlerer Höhe am inneren Oberschenkel, hinter dem Fußknöchel auf der Achillessehne und wenige Zentimeter darüber. Wirksam unterstützt wird diese Behandlung durch Pressur der Punkte des »Göttlichen Gleichmuts« seitlich unterhalb der Kniescheibe und der Punkte gegen Angst an der Kinnspitze und am unteren Ende des Brustbeins.

Gesichtsneuralgie

Die Neuralgie des fünften, dicksten Hirnnervs *Trigeminus* (Drillings-

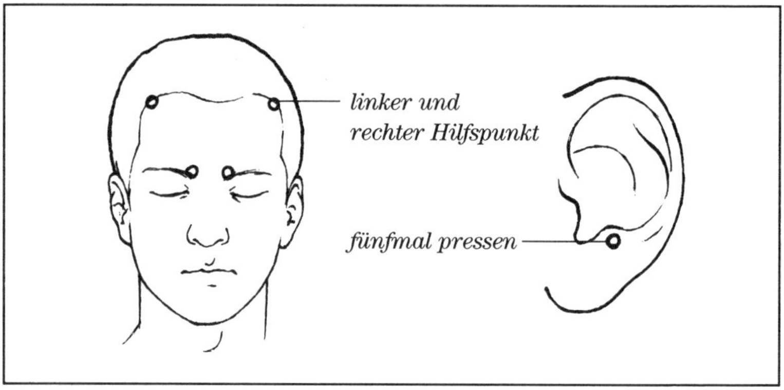

Abb. 33: Gesichtsneuralgie

nerv), der die Augengegend, das Ober- und Unterkiefergebiet versorgt, tritt anfallsweise meist halbseitig auf und ruft quälende Gesichtsschmerzen hervor. Der Schmerz wird als schneidend oder elektrisierend empfunden und kann mit Hautrötung, Hitzegefühl, Tränenfluß oder Schweißausbruch einhergehen. Bevorzugt treten die Schmerzen am Oberkieferast des Trigeminus auf.

Das Leiden beginnt selten vor dem fünften Lebensjahrzehnt, die Ursachen sind oft unklar. Stoffwechselstörungen, Infektionsherde, Gefäß- und Durchblutungsstörungen können ebenso wie ein Tumor in der Nähe der Nervenwurzel eine Trigeminus-Neuralgie hervorrufen. Ausgelöst werden die Anfälle durch Sprechen, Kauen, Berührung und Kältereize. Der Arzt soll immer aufgesucht werden, damit kein schweres ursächliches Leiden übersehen wird.

Die konservative Therapie ist oft nicht erfolgreich. Ehe Sie sich zur Operation entschließen, sollten sie Akupressur versuchen.

Zunächst pressen Sie stark auf den verhärteten Wulst des Ohrläppchens, den Sie fünfmal kräftig zwischen Daumen und Zeigefinger drücken sollen. Abschließend klopfen Sie gegen das innere Ende der Augenbrauen. Hilfspunkte liegen in den Stirnecken beim Haaransatz. Auch bei einseitigem Schmerz sollten Sie immer auf beiden Seiten behandeln, damit dem Anfall auf der anderen Gesichtshälfte vorgebeugt wird.

Hämorrhoiden

Hämorrhoiden sind bis kirschgroße Erweiterungen der Venen am unteren Mastdarm. Unterschieden werden innere Hämorrhoiden und äußere, die aus dem After austreten. Krankhafte Venenschwäche, Stuhlverstopfung, Fettsucht, Schwangerschaft und vorwiegend sitzende Lebensweise sind einige der Hauptursachen dieser Erkrankung. Wenn dem

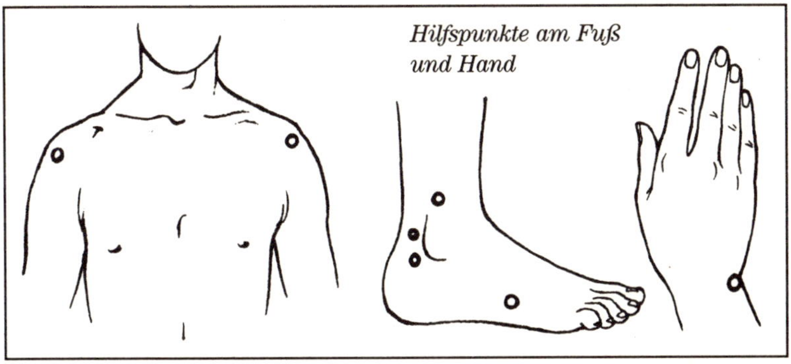

Abb. 34: Hämorrhoiden

Stuhl Blut beigemengt ist, muß durch ärztliche Untersuchung eine Darmgeschwulst ausgeschlossen werden.
Meist ist es notwendig, die Lebensweise des Patienten zu ändern. Dazu gehört das Meiden von Genußgiften. Schlackenreiche Kost und mehr Bewegung sind erforderlich. Dauernde Hämorrhoidalblutungen müssen energisch gestoppt werden, ehe daraus eine Blutarmut entsteht.
In hartnäckigen Fällen kann eine Operation notwendig werden, meist genügt Akupressur. Zunächst pressen Sie mit dem Daumen gegen die äußere Handwurzel. Dann drücken Sie in der Mitte des Schultergelenks und außen am fünften Mittelfußknochen. Zusätzlich können Sie hinter und über dem äußeren Fußknöchel und hinter dem Nagel der großen Zehe behandeln.

Halsentzündung

Eine Halsentzündung entsteht durch Infektionen oder infolge von Entzündungen der Atemwege absteigend aus der Nase oder aufsteigend aus den Bronchien. Weitere Ursachen sind Allergien und lokale Reizungen durch Rauch, Staub oder Chemikalien.
Die Halsentzündung spricht auf Akupressur-Behandlung meist sehr gut an. Allerdings kann dauerhafte Heilung natürlich nur erreicht werden, wenn die äußeren Ursachen wie Staub oder Rauch ausgeschaltet werden.
Zur Behandlung pressen Sie zunächst den Punkt am Hals, danach die Punkte unter dem Ohrläppchen und am Kiefergelenk vor dem Ohr. Zusätzliche Punkte befinden sich in der Vertiefung unter der Kehle, am Ellbogen, hinter dem Daumennagel, außen an der Wade, an den äußeren Fußknöcheln und beim vierten Mittelfußknochen auf dem Fußrücken.

Hautentzündung

Akute Entzündungen der Haut entstehen durch Bakterien und Viren, als allergische Reaktion

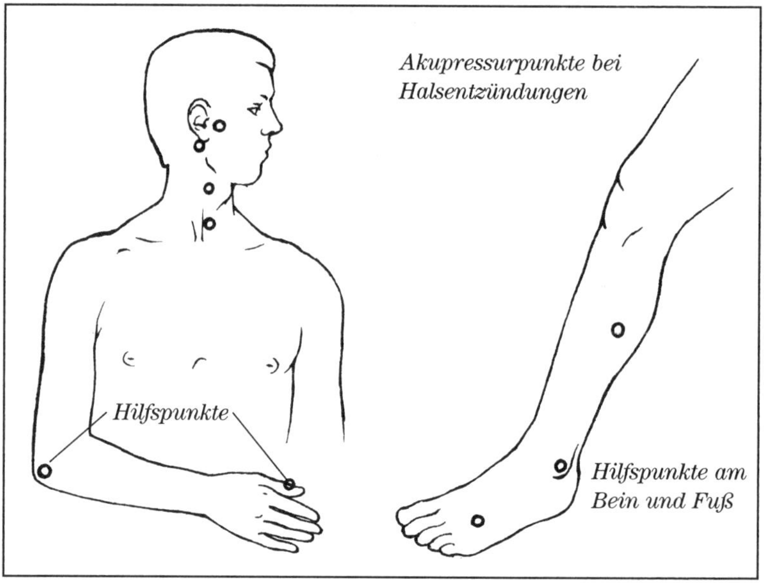

Abb. 35: Halsentzündung

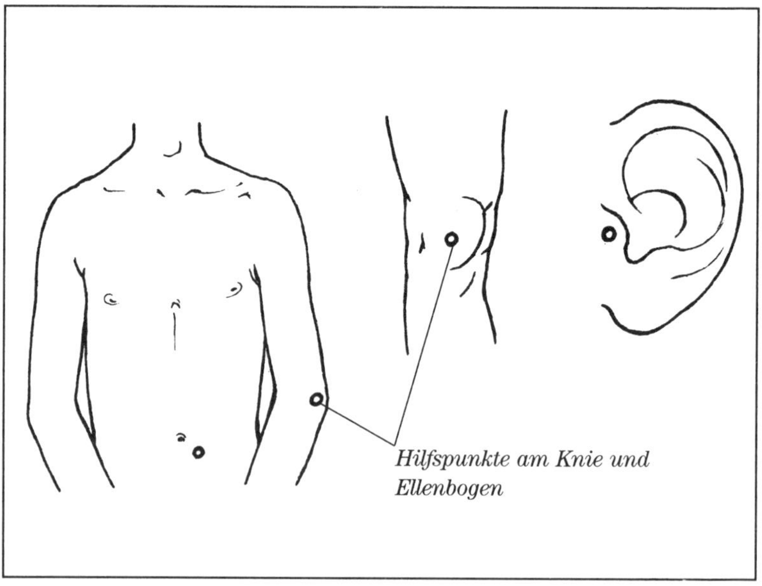

Abb. 36: Hautentzündung

oder auf Reize wie Kälte, Hitze, Strahlung, Reibung und Chemikalien. Sie beginnen stets mit Rötung und Brennen und können rasch in Hautblüten mit Quaddeln und Pusteln übergehen.

Wirkt die auslösende Ursache weiter auf die Haut ein, entstehen chronische Hautkrankheiten, die in Hautkrebs übergehen können. Deshalb ist die Neigung zu häufigen Hautausschlägen immer ein Fall für den Arzt. Gelegentliche Ausschläge ohne Fieber und ohne Beeinträchtigung des Allgemeinbefindens können manchmal erfolgreich durch Akupressur behandelt werden. Bleibt der Erfolg aus, sollten Sie immer den Arzt aufsuchen, der durch zweckmäßige Therapie auch zu verhindern weiß, daß unschöne Narben zurückbleiben.

Zunächst pressen Sie am Ohreingang und schräg unterhalb des Nabels die Akupressur-Punkte. Zusätzliche Hilfspunkte finden Sie direkt auf der Kniescheibe und außen am Ellbogen.

Heiserkeit

Eine klanglose, belegte oder rauhe Stimme bis zur Stimmlosigkeit entsteht meist durch eine Entzündung der Kehlkopfschleimhaut. Andere Ursachen sind Rachenerkrankungen, Stimmbandknoten, Geschwülste, Nervenleiden und lokale Lähmungen.

Akupressur ohne Arzt ist nur erlaubt, wenn die Heiserkeit eindeutig auf einen Kehlkopfkatarrh zurückzuführen ist, beispielsweise bei anderen Symptomen, die auf eine Erkältung hinweisen.

Zunächst pressen Sie beidseits des Adamsapfels auf die Schilddrüse und massieren von oben nach unten den Hals, danach drücken Sie auf den vorspringenden Schlüsselbeinknochen. Diese

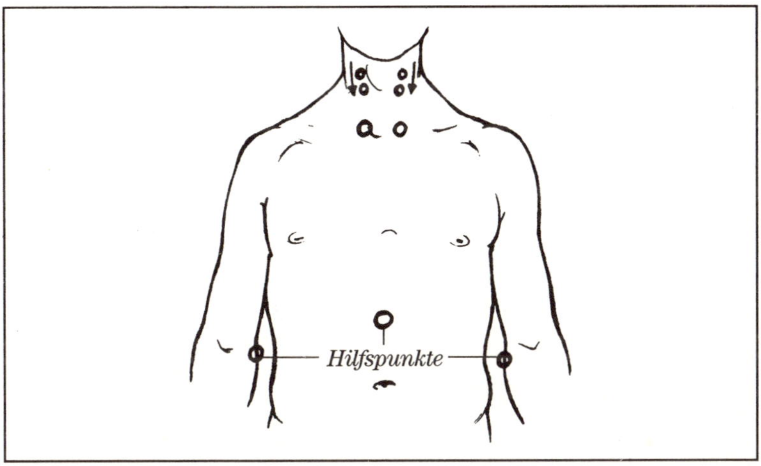

Abb. 37: Heiserkeit

Behandlung wiederholen Sie in kurzen Abständen mehrmals. Hilfsweise können Sie innen am Ellbogen drücken und viermal je sieben Sekunden lang in die Magengrube pressen.

Herzbeschwerden, nervöse

Herzbeschwerden entstehen einmal durch Herzfehler, Entzündungen am Herzen, Erkrankungen der Herzkranzgefäße und verminderte Herzleistung *(Insuffizienz)*. Solche Fälle müssen immer ärztlich behandelt werden.

Funktionelle Herzbeschwerden wie Herzstolpern, Herzjagen und Herzdruck, verbunden mit Atembeklemmung, Zittern der Hände, übermäßigem Schwitzen und Verdauungsstörungen können dagegen durch Akupressur ausgezeichnet beeinflußt werden. Nehmen Sie solche Beschwerden nicht auf die leichte Schulter, dauernde funktionelle Störungen der Herztätigkeit können organische Herzschäden hervorrufen. Verursacht werden Sie durch Streß, Nervosität, unbewältigte Konflikte, neurotische Fehlhaltungen, Nikotinmißbrauch, Eisen- und Vitaminmangel sowie durch hormonelle Störungen, wie sie in der Pubertät und im Klimakterium auftreten.

Behandeln Sie die Punkte in möglichst gleichmäßigem Zeitabstand sechsmal täglich, nachdem durch ärztliche Untersuchung organische Ursachen ausgeschlossen wurden. Zunächst pressen Sie mit dem Daumen nicht zu stark unter dem Brustbein in die Magengrube. Danach drücken Sie an der Innenseite des linken Armes vom Ellbogen an aufwärts bis zur Achsel-

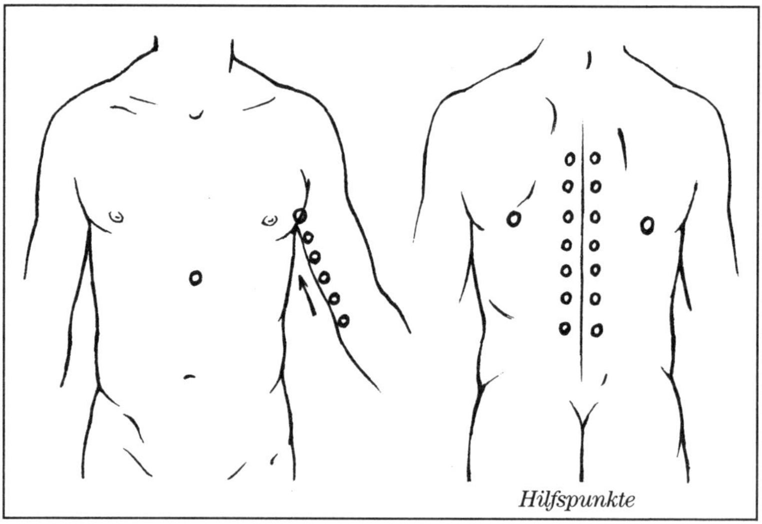

Abb. 38: Herzbeschwerden, nervöse

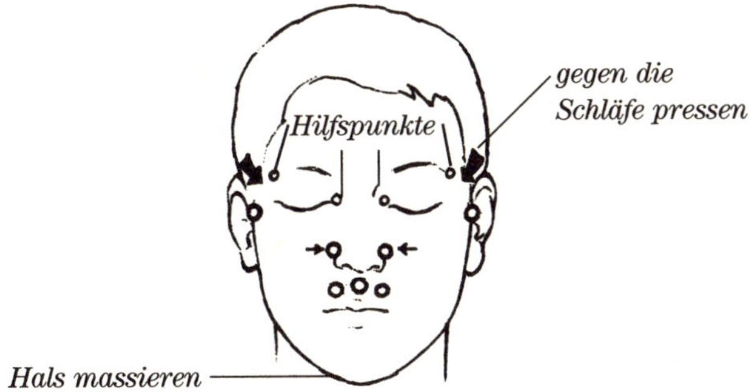

Abb. 39: Heuschnupfen

höhle Zentimeter um Zentimeter die hier befindliche Reflexzone. Zusätzlich können Sie kräftig unter dem Schulterblatt massieren oder ab Hüfthöhe rechts und links der Wirbelsäule bis zur Schulter hinauf die Punkte behandeln.

Heuschnupfen

Heuschnupfen ist das Symptom einer Überempfindlichkeit *(Allergie)* gegen die Pollen von Bäumen, Sträuchern und Gräsern, seltener gegen Duftstoffe dieser Pflanzen. Die Krankheit ist erblich und beginnt meist schon vor der Pubertät, steigert sich zwischen dem zweiten und fünften Lebensjahrzehnt, um nach dem fünfzigsten Lebensjahr abzuklingen. Die Allergie beginnt plötzlich mit heftigem Niesen, starker Sekretion und verlegter Nase, begleitet von Kopfschmerzen, manchmal Fieber, Bindehautentzündung mit Lichtscheu, brennenden Augen und Tränenfluß. Im Verlauf des Heuschnupfens kann sich *Asthma bronchiale* entwickeln, das gleichfalls zu den allergischen Krankheiten gehört. Sicheren Schutz bietet nur völlige Meidung der Allergene, welche den Heuschnupfen auslösen, praktisch ist dies aber kaum durchzuführen. Rechtzeitige Desensibilisierung kann die Symptome wesentlich lindern. Vorteilhaft ist manchmal die operative Begradigung der Nasenscheidewand mit Vernarbung der Schleimhautblätter. Im akuten Fall werden Cortisonabkömmlinge und Antihistaminika verabreicht, die bei längerem Gebrauch immer mit beträchtlichen Gesundheitsrisiken verbunden sind. Deshalb sollten Sie schon im Februar regelmäßig durch Akupressur dem Heuschnupfen vorbeugen. Natürlich wirkt die Akupressur auch beim akuten Heuschnupfen.

Zunächst pressen Sie fünfmal täglich mit Daumen und Zeigefinger kräftig gegen beide Nasenflügel. Dann drücken Sie leicht das Gewebe zwischen Nase und Oberlippe sowie den leicht vorspringenden Knochen vor dem Ohr, bis er schmerzt.

Klingt die Augenentzündung dadurch nicht ab, pressen Sie zusätzlich gleichzeitig am äußeren Ende beider Augenbrauen, dann leicht an den beiden inneren Augenwinkeln. Zusätzlich können Sie mit dem Daumen auf die Schläfengegend pressen und unterhalb des Kiefers den Hals massieren.

Hexenschuß

Der heftige, spontan im Kreuz auftretende Schmerz, der volkstümlich als Hexenschuß bezeichnet wird, führt zur vorübergehenden Versteifung mit Schonhaltung. Auch unbehandelt geht er meist in wenigen Tagen zurück. In unregelmäßigem Abstand können sich die *Lumbago*-Attacken wiederholen, die als erste Zeichen einer Bandscheibenschädigung zu beurteilen sind. Wenn Sie jedoch häufiger unter Hexenschuß leiden, sollten Sie auf jeden Fall einen Arzt aufsuchen.

Im akuten Fall können Sie die Schmerzen durch Akupressur rasch lindern. Pressen Sie über der Schläfe und in die Vertiefung hinter dem Kieferknochen, danach

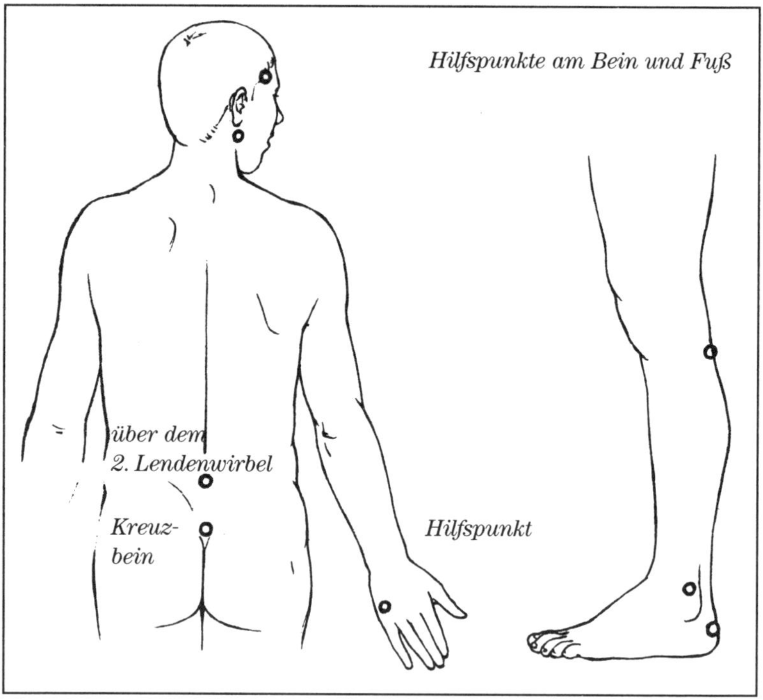

Abb. 40: Hexenschuß

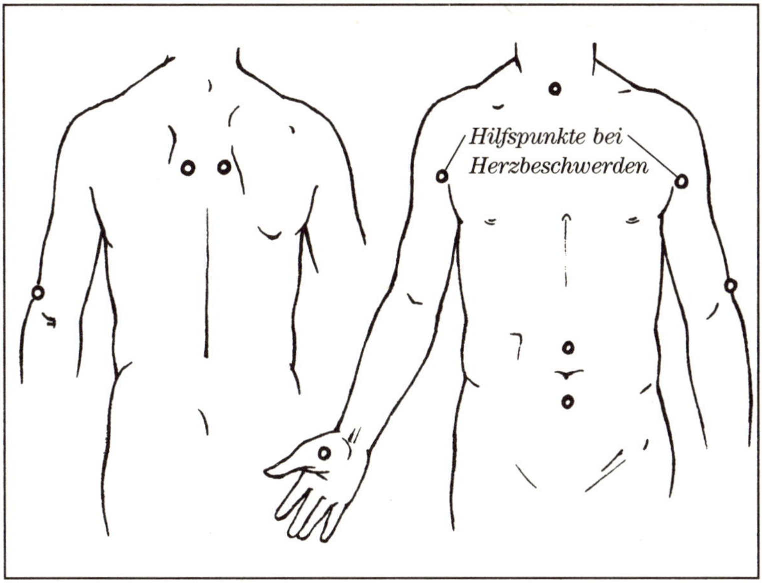

Abb. 41: Husten

über dem zweiten Lendenwirbel und am Kreuzbein. Zusätzlich drücken Sie über dem kleinen Finger am Mittelhandknochen, unterhalb der Kniekehle über dem äußeren Fußknöchel und außen an der Ferse die jeweiligen Akupressurpunkte.

Husten

Sobald die Schleimhäute der Atemwege durch Verschleimung oder Fremdkörper vom Luftstrom abgeschnitten sind oder durch entzündliche Veränderungen gereizt werden, gelangen Impulse zum Hustenzentrum im Gehirn. Hier wird der Hustenreflex ausgelöst, also tief eingeatmet, die Stimmritze verschlossen, die Bauchmuskulatur angespannt und durch plötzliche Teilöffnung der Stimmritze explosionsartig ausgeatmet.

Husten ist nur zweckmäßig, wenn Schleim oder Fremdkörper ausgehustet werden. Trockener Husten reizt die Schleimhaut noch mehr, belastet den Kreislauf unnötig und stört die Nachtruhe. Chronischer Husten kann ein Lungenemphysem hervorrufen.

Akupressur behandelt vor allem das Symptom Husten, auf die Ursachen kann sie kaum Einfluß nehmen. Rauch, Staub, ätzende Dämpfe, trockene und kalte Luft müssen ebenso wie Nikotin gemieden werden.

Zur Behandlung tasten Sie in Höhe des dritten Brustwirbels etwa vier bis fünf Zentimeter nach

links und rechts außen, bis Sie auf zwei Vertiefungen am Rücken stoßen. Hier pressen Sie fünfmal kräftig und wiederholen es täglich bis zu sechsmal. Statt dessen können Sie auch fünfmal täglich mit dem Daumen von unten leicht gegen die Nasenflügel klopfen oder mit dem linken Daumen den rechten Daumenballen drücken.
Heftiger oder chronischer Husten belastet das Herz so stark, daß Herzbeschwerden auftreten können. Dagegen pressen Sie ober- und unterhalb des Nabels, unter der Schulter knapp vor der Achselhöhle, in die Vertiefung unter der Kehle und am unteren Oberarm außen über dem Ellbogen. Wenn Akupressur den Husten nicht binnen drei Tagen spürbar gelindert hat, müssen Sie unbedingt den Arzt aufsuchen.

Impotenz
In der Mehrzahl dieser Fälle sind die Ursachen in Komplexen, Erwartungsangst, Erziehungsfehlern, Entfremdung der Partner oder auch Ermüdung, Erschöpfung und Streß zu suchen; psychische Faktoren also, die den reflektorischen Ablauf hemmen. Organische Ursachen, die Akupressur nicht behandeln kann, sind Diabetes, Hypophysenerkrankungen, Hormonstörungen, Korpulenz oder Verletzungen und Mißbildungen. Wenn organische Ursachen durch ärztliche Untersuchung ausge-

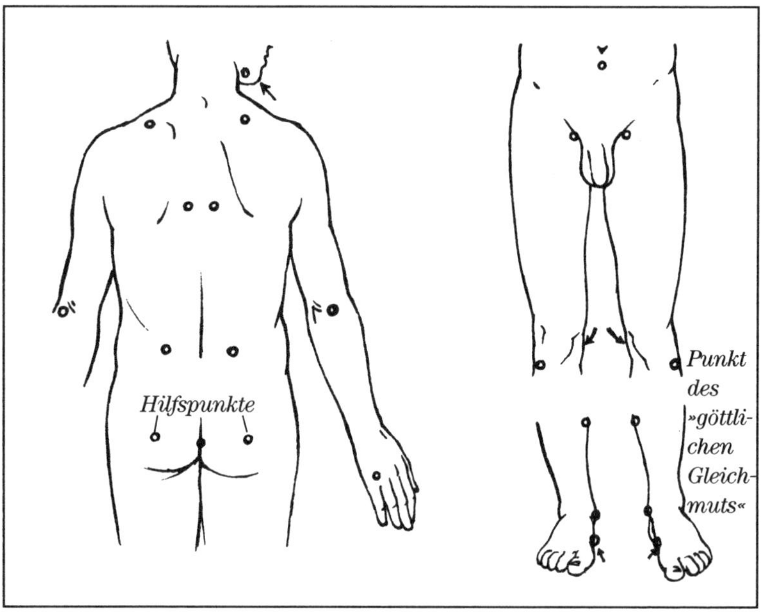

Abb. 42: Impotenz

schlossen wurden, versuchen Sie eine Behandlung mit Akupressur, wie sie in China mit Erfolg angewendet wird.

Allgemeine Punkte sind die des »Göttlichen Gleichmuts« seitlich außen unterhalb der Kniescheibe und die Angstpunkte an der Kinnspitze unter dem Kieferknochen und am unteren Ende des Brustbeins. Pressur dieser Punkte lindert psychische Störungen wie Erwartungsangst und Neurosen. Danach behandeln Sie die Spezialpunkte bis zu sechsmal hintereinander mit kurzen Pausen. Pressen Sie zunächst über den Schulterblättern, beiderseits des sechsten Brustwirbels und eine Handbreit rechts und links der Lendenwirbelsäule. Hilfsweise können Sie in der Mitte jeder Gesäßhälfte, am Steißbein, unter dem Nabel und in der Leistengegend, in der Kniekehle, am inneren Fußknöchel und am Fußgewölbe innen pressen. Weitere Punkte liegen im Gewebe zwischen dem vierten und fünften Finger, außen am Ellbogen und innen an der Wadenmitte.

Ischias

Der Hüftschmerz entsteht, wenn eine oder mehrere Wurzeln des Ischiasnervs im Bereich der Lendenwirbelsäule durch einen Bandscheibenvorfall gereizt oder gepreßt werden. Die Schmerzen beginnen allmählich oder plötzlich, können andauern oder häufig wie-

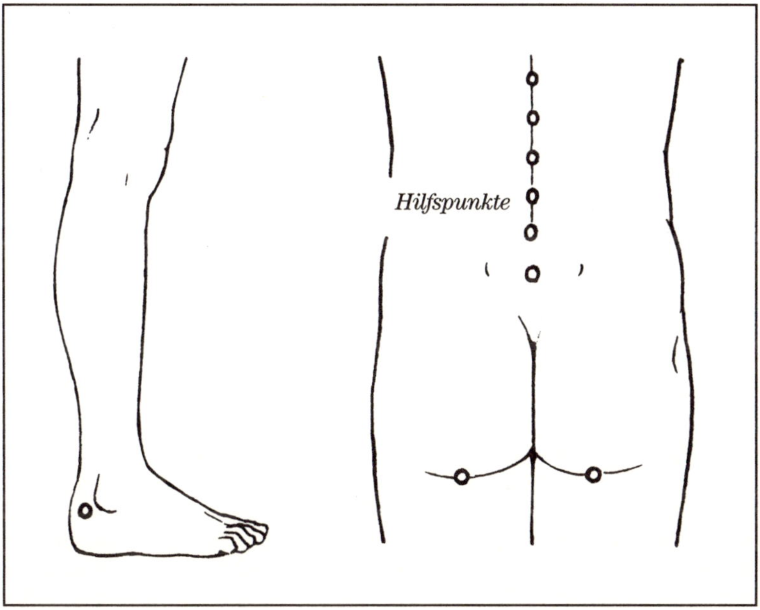

Abb. 43: Ischias

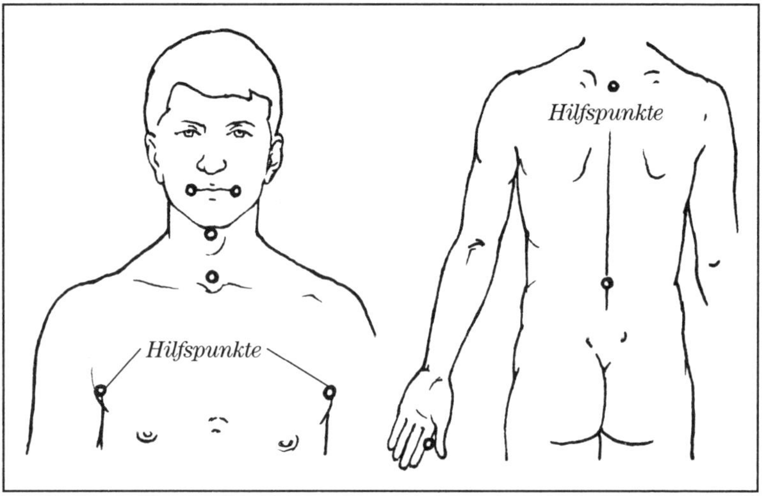

Abb. 44: Kehlkopfentzündung

derkehren. Beim Husten und Niesen oder Lagewechsel des Beins verstärken sich die Beschwerden. An der Ausstrahlung der Schmerzen kann man erkennen, welche Bandscheibe betroffen ist: Zieht der Schmerz mehr an der Rückseite des Oberschenkels in die Wade und über die Ferse weiter zur kleinen Zehe, dann ist die letzte Bandscheibe betroffen, strahlen die Schmerzen entlang der Außenseite des Beins bis zur großen Zehe aus, liegt ein Vorfall der vorletzten Zwischenwirbelscheibe vor. Akupressur hilft zwar rasch gegen die Symptome, zur ursächlichen Behandlung sollten Sie aber den Arzt aufsuchen. Dies ist dringend dann erforderlich, wenn durch den Bandscheibenvorfall der Nerv gedrückt wird und eine Lähmung des Beins entsteht, die meist operativ behandelt werden muß.

Die Hauptpunkte liegen in den Falten unter dem Gesäß und zwischen äußerem Knöchel und der Ferse. Zusätzlich können Sie den äußeren Rand der unteren Wirbelsäule behandeln.

Kehlkopfentzündung
Der akute Katarrh entsteht meist infolge von Entzündungen der oberen Atemwege, aber auch durch trockene Luft, Staub, Nikotinmißbrauch, Chemikalien oder Überanstrengung der Stimme. Typische Symptome sind Kitzeln und Brennen im Hals, Räusperzwang, belegte, heisere Stimme, bei Kindern oft Atemnot und bellender Husten mit Schwellung der Kehlkopfschleimhaut *(Pseudokrupp)*. Chronische Nasen- und Nebenhöhlenentzündungen, Bronchitis oder Rachen-Mandel-Entzündungen und dauernde Einwirkung

schädlicher Reize auf den Kehlkopf führen zur chronischen Entzündung. Sie muß immer ärztlich untersucht werden, da sich hinter der Symptomatik besonders bei Rauchern auch bösartige Geschwülste verbergen können. Zusätzlich zur Akupressur muß bis zum Abklingen der Beschwerden immer strenges Sprechverbot beachtet werden.

Die Punkte liegen in den Mundwinkeln, über dem Adamsapfel und in der Vertiefung unterhalb der Kehle. Zusätzlich können Sie über dem ersten Brustwirbel und über dem zweiten Lendenwirbel, in den Achselhöhlen und an der dem Daumen zugewandten Seite der Zeigefingerkuppe pressen.

Klimakterium

Sehr oft werden die Wechseljahre der Frau begleitet von nervösen Symptomen, fliegender Hitze, Schweißausbrüchen, Herzklopfen und Depressionen. Hormone, die der Arzt verordnen kann, dürfen nicht zu lange verabreicht werden. Deshalb ist Akupressur eine wesentliche Hilfe bei allen Beschwerden der Wechseljahre.

Zunächst pressen Sie die Punkte beidseits am Halsansatz. Danach drücken Sie an der Rückenseite des Ellbogens, oberhalb und hinter dem inneren Fußknöchel und über der kleinen Zehe am fünften Mittelfußknochen. Hilfspunkte liegen in der Mitte der Gesäßhälften und über dem zweiten Kreuzbein.

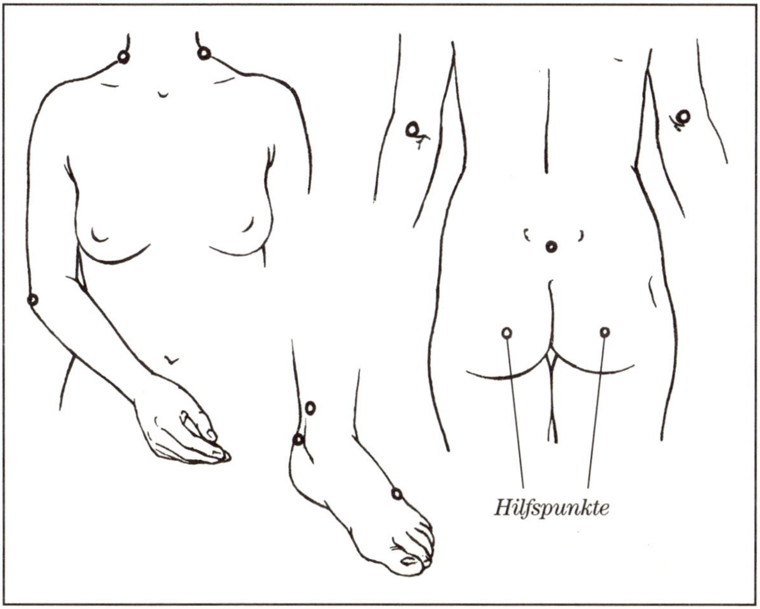

Abb. 45: Klimakterium

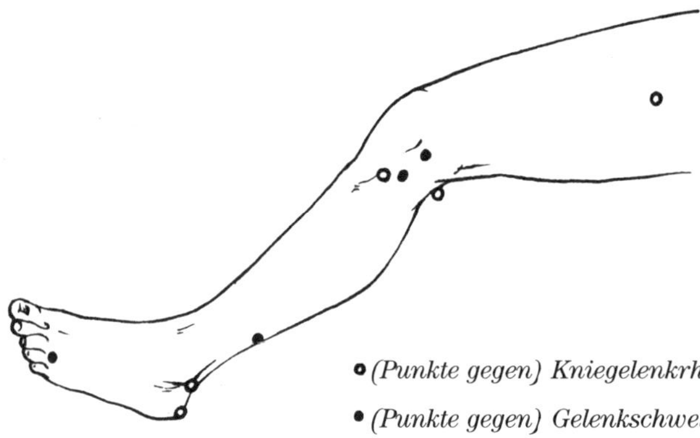

Abb. 46: Kniegelenkrheumatismus

Kniegelenkrheumatismus
Kniegelenkentzündungen können durch Rheumatismus, aber auch durch Bakterien entstehen, wobei immer an eine Gelenktuberkulose zu denken ist, die nur der Arzt ausschließen kann. Nicht selten ist bei bakteriellen Entzündungen die operative Sanierung des Krankheitsherdes notwendig. Beim Rheumatismus reicht Akupressur zur Behandlung meist aus, bei bakteriellen Gonarthritiden eignet sie sich therapiestützend gegen Schwellungen und Schmerzen.
Zunächst pressen Sie die Punkte seitlich unter dem Knie, in der Mitte hinter dem Kniegelenk, hinten am äußeren Fußknöchel und darunter am Fersenknochen. Hilfsweise können Sie seitlich am oberen Drittel des Oberschenkels und am oberen Unterarmdrittel außen pressen.
Starke Schwellungen behandeln Sie durch Daumendruck seitlich am Kniegelenk, darunter durch Druck vor dem Wadenbeinköpfchen, am unteren Wadenende und an der Wurzel der vierten Zehe.

Kopfschmerz
Die eigentlichen Ursachen der Kopfschmerzen sind noch nicht eindeutig geklärt, zumal bekannt ist, daß das Gehirn selbst nicht schmerzen kann, sondern nur die Hirnhäute und Blutgefäße. Man vermutet heute, daß sowohl Hirngefäßkrämpfe als auch zu schlaffe Hirnarterien die verschiedenen Formen der Kopfschmerzen auslösen können.
Kopfschmerzen können unterschiedlich lokalisiert sein und werden durch verschiedene Faktoren ausgelöst. Bekannt sind Kopfschmerzen bei Hirnhautent-

zündungen, Gehirnerschütterung, Infektionskrankheiten, Hirngefäßsklerose, Bluthochdruck, Blutarmut, Störungen des Blutzuckerspiegels, Bandscheibenschäden, Verdauungsstörungen und Stuhlverstopfung, Sonnenstich, körperlichen Fehlhaltungen und Plattfüßen. Hinzu kommen Kopfschmerzen durch Streß, Überanstrengung, Ärger, Aufregung, Wetterfühligkeit, Schlafmangel, Alkohol- und Nikotinmißbrauch. Auch seelische Krankheiten können mit Kopfschmerzen einhergehen.

Jeder Kopfschmerz, der länger als drei Tage andauert und auf Akupressur nicht anspricht, muß ärztlich untersucht werden. Es ist gefährlich, Kopfschmerzen regelmäßig durch Tabletten zu behandeln, deren Wirkung bald nachläßt und die Ursachen nicht beeinflußt. Die Dosis muß bald erhöht werden, bis es schließlich zur schweren Vergiftung und lebensgefährlichen Nierenschäden kommt. Diese Analgetika können allenfalls gelegentlich eingenommen werden, Akupressur hilft meist ebenso gut. Man sollte ohnehin nicht jede Unpäßlichkeit sofort mit Tabletten zu beseitigen versuchen.

Allgemeiner Kopfschmerz (»Schädelbrummen«) tritt auf bei Infektionskrankheiten wie Erkältung und Grippe, Schlafmangel, Alkoholkater, Stuhlverstopfung und Wetterfühligkeit. Der Kopfdruck kann sich bis zur Unerträglichkeit steigern. Kurze Anfälle ohne wesentliche Beeinträchtigung des Allgemeinbefindens entstehen auch nach Aufregung, Ärger oder ähnlichen psychischen Faktoren. Zur Behandlung suchen Sie zunächst über jeder Augenbraue den Schmerzpunkt, den Sie kräftig drücken. Dann pressen Sie mit Daumen und Zeigefinger die Mitte des Nasenrückens und abschließend hinter beiden Ohren die Punkte in den dort gelegenen Vertiefungen.

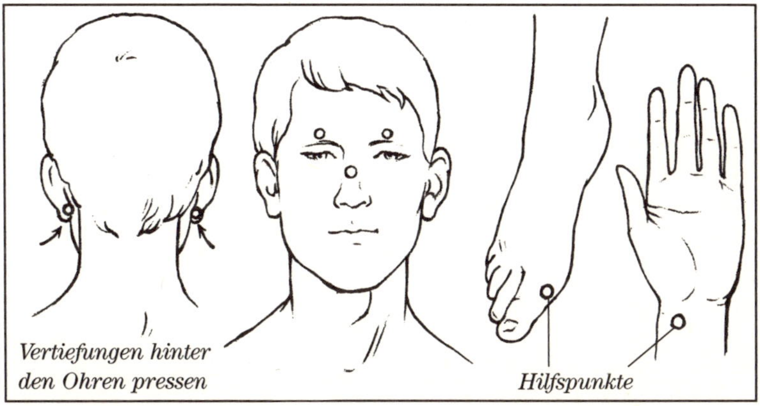

Abb. 47: Allgemeiner Kopfschmerz

Hilfsweise können Sie den Ohrknorpel leicht abklopfen, kräftig auf die Schädeldecke trommeln und entlang der Schädelmittellinie von der Stirn zum Hinterkopf massieren. Genügt dies noch nicht, pressen Sie mit dem Daumen der rechten Hand die Schlagader am linken Handgelenk und an beiden Füßen die Punkte seitlich der Großzehen.

Morgens beim Erwachen auftretender Schmerz am Hinterkopf mit oberflächlichem Stirn-, Augen- und Nackenschmerz, der nach etwa einer Stunde abklingt, manchmal aber auch anfallsweise auftritt, ist oft symptomatisch für Infektionskrankheiten, Nebenhöhlenentzündungen, Zahnerkrankungen, Rheumatismus und Veränderungen an der Halswirbelsäule.

Stirn- und Hinterkopfschmerzen, gelegentlich mit Fieber und Erbrechen auftretend, deuten auf Arteriosklerose, Bluthochdruck, Hirnhautreizung, Hirngeschwülste oder Nierenentzündungen hin und müssen alsbald ärztlich untersucht werden.

Heftiger Halbseitenkopfschmerz, von den Augen ausstrahlend, kann Symptom des akuten Glaukomanfalls sein und erfordert sofortige ärztliche Hilfe. Dies gilt auch für den blitzartig auftretenden, heftig klopfenden, quälenden Schläfenschmerz bei Rauchern, der auf eine lebensbedrohliche Schläfenarterienentzündung hindeutet.

Pressur der Spezialpunkte lindert auch solche Kopfschmerzen, nicht aber die Ursachen.

Beim Schläfenkopfschmerz pressen Sie den Zeigefinger zwischen Augenbrauen und Ohrmuschel gegen den Knochen. Hinterkopfschmerzen behandeln Sie durch Druck des Zeige- und Mittelfingers in den Nacken, drei Zentimeter vom Ohr entfernt.

Gegen Stirnkopfschmerzen hilft der Fingerdruck in die Mulde hinter dem Ohrläppchen bei gleichzeitigem Daumendruck auf die Halsschlagader.

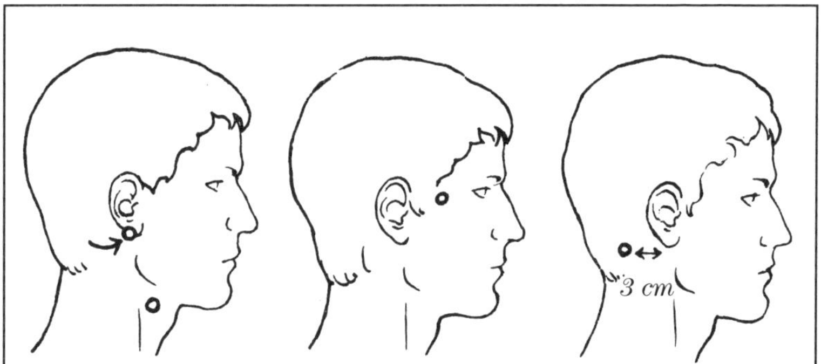

Abb. 48: Kopfschmerz-Sonderpunkte

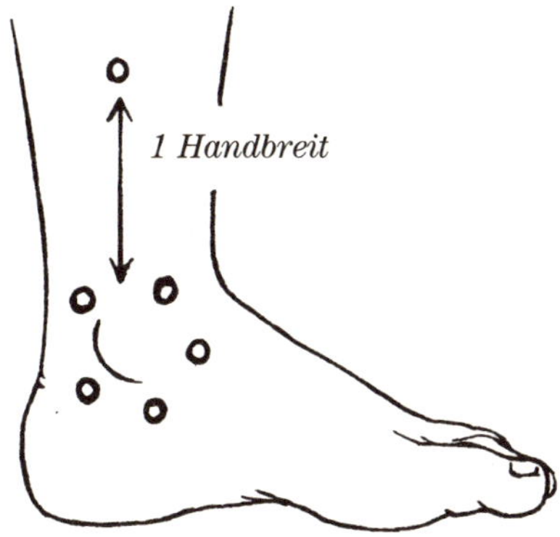

Abb. 49: Krampfadern

Krampfadern
Diese Veränderungen der Venen sind eine Folge der angeborenen Bindegewebsschwäche. Im Verlauf der Krankheit schließen die Venenklappen nicht mehr vollständig, venöses Blut sackt nach unten in die Beine ab. Infolge ihrer ungünstigen Durchblutungsverhältnisse im Becken sind Frauen mehr gefährdet als Männer.
Rechtzeitige Behandlung der *Varizen* ist notwendig, weil sie unbehandelt gefährliche Veränderungen hervorrufen können. Häufige Folge der Krampfadern ist die Venenentzündung, die schon im ersten Stadium der Varizen auftreten kann. Durch Bildung von Thrombosen können tödliche Embolien verursacht werden.
Wenn es zum Unterschenkelgeschwür (Offenes Bein) kommt, kann das Leben des Patienten auch heute noch oft nur durch Amputation gerettet werden.
In China sind Krampfadern relativ selten, die Bevölkerung beugt durch Akupressur vor. Pressur der Spezialpunkte gegen Krampfadern aktiviert die Durchblutung auch in fortgeschrittenem Stadium und hilft oft, die Verödung der krankhaft erweiterten Venen zu vermeiden. Deshalb sollten alle Frauen etwa ab dem dreißigsten Lebensjahr – bei bekannter Veranlagung zu Varizen auch früher – täglich mit Akupressur vorbeugen. Die Behandlung ist einfach und nimmt täglich kaum eine Minute in Anspruch. Zunächst pressen Sie fest rund um den inneren Fußknöchel, danach eine Handbreit über dem Innenknöchel am Unterschenkel.

Kreuzschmerzen
Die akut oder allmählich auftretenden Beschwerden am unteren Rücken werden durch Bandscheibenschäden, Erkrankungen der

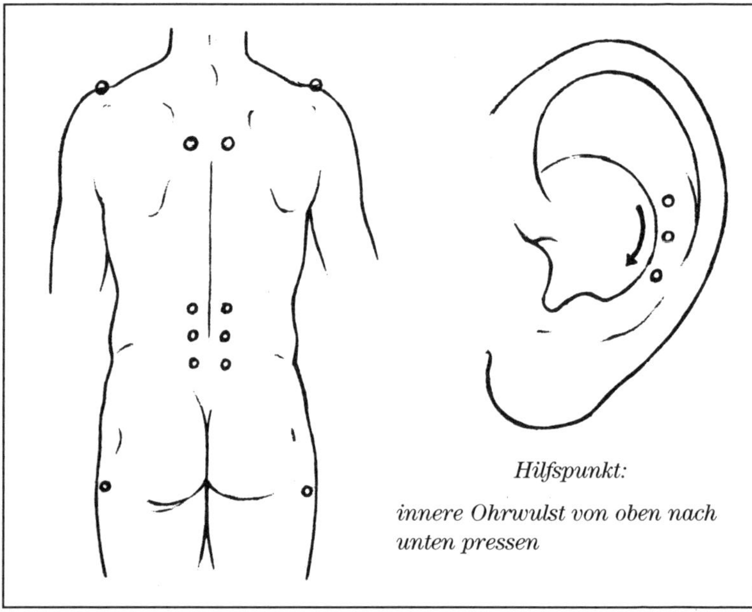

Abb. 50: Kreuzschmerzen

Lendenwirbelsäule, Fettleibigkeit mit Hängebauch oder zu schwache Bauchmuskulatur verursacht. Auch Erkrankungen im Becken- und Bauchraum können Kreuzschmerzen hervorrufen. Bei Frauen ist immer auch an gynäkologische Erkrankungen zu denken, die fachärztlich behandelt werden müssen. Alle häufig wiederkehrenden oder anhaltenden Kreuzschmerzen müssen Anlaß zur baldigen ärztlichen Untersuchung sein.
Die Akupressurpunkte liegen auf den Schultern, zwischen den Schulterblättern, im Kreuz beiderseits der Wirbelsäule sowie links und rechts beim Oberschenkelansatz. Hilfsweise können Sie den inneren Ohrwulst von oben nach unten pressen.

Magenbeschwerden, nervöse
Unser gesamtes Verdauungssystem wird sehr stark von psychischen Faktoren beeinflußt. Sorgen, Ärger, Streß, Nervosität und ungelöste Konflikte »schlagen auf den Magen« und können uns den »Appetit verschlagen«. Magen- und Zwölffingerdarmgeschwüre sind stets seelisch mitbedingt, nervöse Magenbeschwerden können im Laufe der Zeit in echte organische Störungen übergehen. Deshalb sollen auch nervöse Magenstörungen rechtzeitig und energisch durch Akupressur behandelt werden, bei organischen Störungen ist Aku-

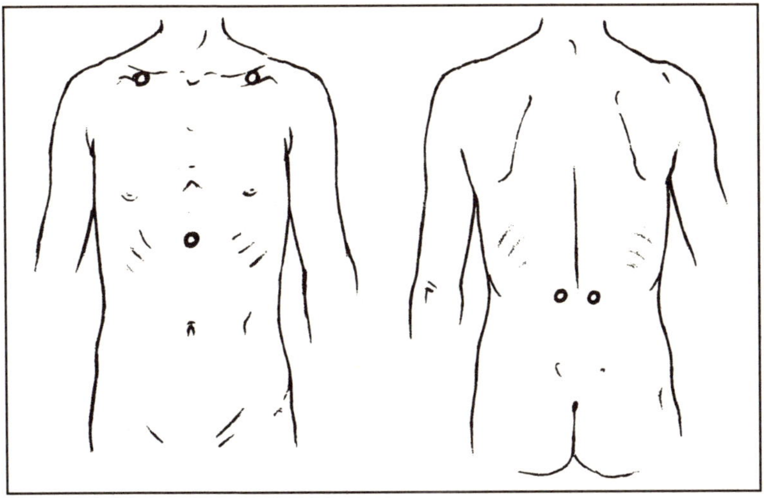

Abb. 51: Magenbeschwerden, nervöse

pressur zur Unterstützung der Therapie anzuraten. Nur der Arzt kann – oft erst nach Röntgenaufnahmen – einwandfrei unterscheiden, ob schon organische Schäden vorliegen. Suchen Sie deshalb immer den Arzt auf, wenn sie bereits seit längerer Zeit an Magenbeschwerden leiden.

Symptome nervöser wie organischer Magenerkrankungen sind Magendrücken, Schmerzen in der Magengrube, zeitweilige Magenkrämpfe, Appetitstörungen, Brech-

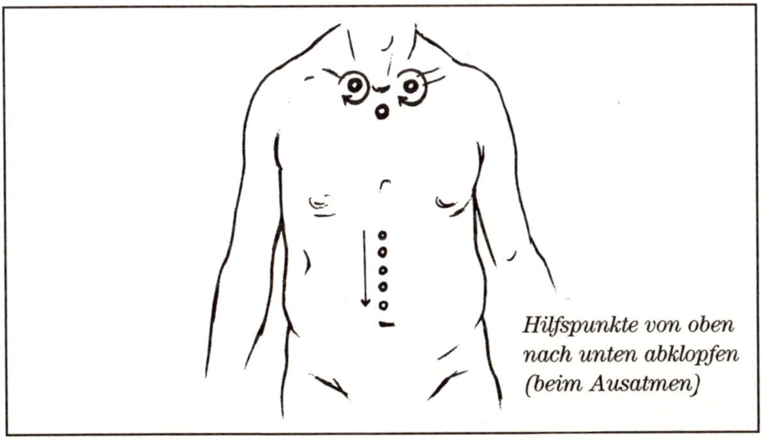

Abb. 52: Sodbrennen

reiz und oft nervöses Luftschlucken *(Aerophagie)*. Morgen- und Nüchternschmerz deutet auf Geschwüre hin und erfordert sofortige ärztliche Untersuchung. Durch Blähungen, wie sie unter anderem durch Luftschlucken entstehen, können bestehende Herzleiden verschlimmert oder Herzanfälle mit plötzlich einsetzendem Herzstechen, Herzklopfen und Anfällen von Herzangst *(Roemheldscher Symptomenkomplex)* ausgelöst werden.
Pressen Sie zunächst unter dem Brustbein fest in die Magengrube. Dann drücken Sie seitlich an den Schlüsselbeinknochen, abschließend links und rechts der Wirbelsäule auf die Punkte in Höhe der letzten Rippe. Behandeln Sie zusätzlich die Punkte gegen Nervosität, die Angst-Punkte unter dem Kinn und am unteren Ende des Brustbeins und die Punkte des »Göttlichen Gleichmuts« seitlich außen unterhalb der Kniescheibe. Bei **Sodbrennen** pressen Sie zunächst am oberen Ende des Brustbeins. Dann suchen Sie auf dem Schlüsselbein rechts und links die leicht schmerzhaften Punkte, die durch kräftigen, kreisenden Fingerdruck behandelt werden. Zusätzlich können Sie beim Ausatmen mit Mittel- und Zeigefinger die Mittellinie von der Magengrube bis zum Nabel abklopfen. Diese Therapie eignet sich auch zur Vorbeugung. Wenn Sie häufig unter Sodbrennen leiden, sollten Sie den Arzt aufsuchen.

Magenschleimhautentzündung

Exzesse beim Essen und Trinken, Giftstoffe, scharfe Gewürze, zu heiße oder zu kalte Speisen und Getränke, Infektionen, Aufregung, Är-

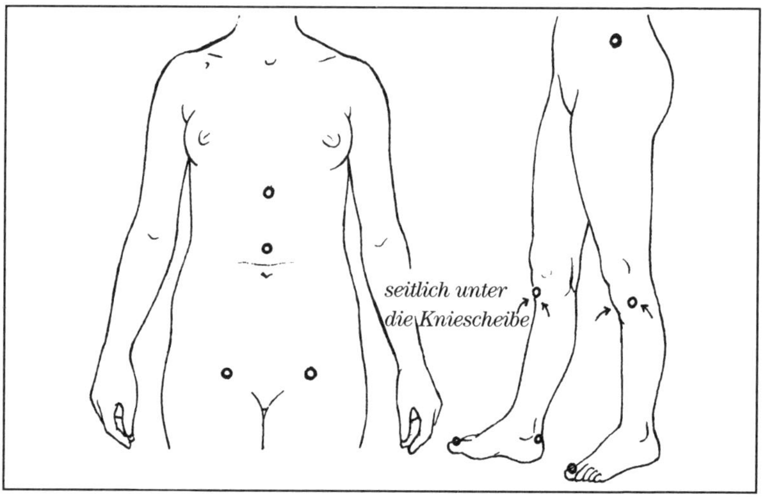

Abb. 53: Magenschleimhautentzündung

ger, Nervosität und Nikotin- oder Alkoholmißbrauch führen zur akuten Gastritis. Symptomatisch sind Magendrücken, Magenkrämpfe, Blähungen, Völlegefühl, Aufstoßen, belegte Zunge und manchmal auch Erbrechen. Wird eine Gastritis nicht energisch behandelt und ausgeheilt, kann sie chronisch werden und die Voraussetzungen für Geschwüre oder Geschwülste schaffen.

Akute Entzündungen klingen bei Teefasten nach ein bis zwei Tagen ab. Die Heilung können Sie durch Akupressur unterstützen. Zunächst pressen Sie unter dem Brustbein fest in die Magengrube, danach etwas tiefer eine Handbreit über dem Nabel. Nun drücken Sie links und rechts in der Leistengegend, seitlich unter der Kniescheibe, in die Hüften, innen am Fersenbein und abschließend hinter dem Nagel der großen Zehe. Tritt am zweiten Tag keine Besserung ein, suchen Sie den Arzt auf!

Menstruationsstörungen

Die monatliche Regelblutung ist häufig von Unwohlsein, Kopf- und

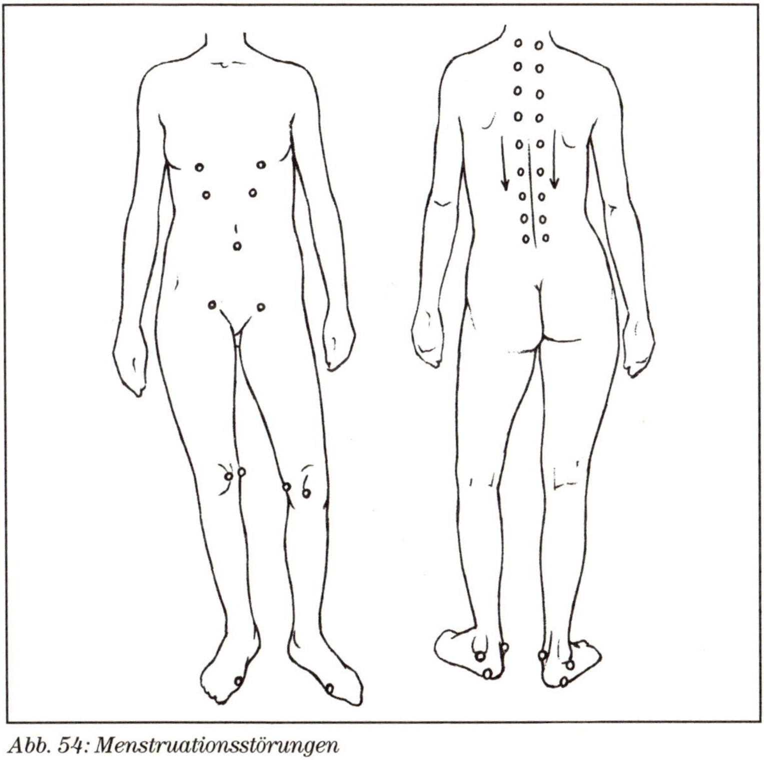

Abb. 54: Menstruationsstörungen

Kreuzschmerzen, Übelkeit und Nervosität begleitet. Diese nicht krankhaften Störungen, die oft mit Tabletten bekämpft werden, sprechen auf Akupressur gut an. Zunächst pressen Sie eine Handbreit unter dem Nabel, dann nochmals zwei Zentimeter tiefer. Abschließend können Sie rechts und links in der Leistengegend drücken. Hilfspunkte liegen seitlich innen an der Kniescheibe, innen am Fersenbein sowie rechts und links der Wirbelsäule.
Schmerzhafte Menstruation *(Dysmenorrhöe)* mit Beschwerden, die so stark sind, daß die Ausübung der gewöhnlichen Tätigkeit behindert wird, muß immer fachärztlich untersucht werden. In schweren Fällen ist oft Hormonbehandlung, manchmal auch Operation angezeigt, in leichteren Fällen können schmerzstillende und krampflösende Tabletten durch Akupressur durchaus ersetzt werden.
Pressen Sie dazu die Punkte innen am Knie und innen an der Kniescheibe, dann hinten am inneren und unten am äußeren Fußknöchel sowie außen am Fersen- und Großzehenballen. Zusätzlich hilft Pressur unter der Brust, etwas tiefer seitlich am Ende des Rippenbogens, drei Fingerbreit unter dem Nabel, in der Leistengegend und rechts und links der Wirbelsäule vom Nackenansatz bis unterhalb der Hüfte.

Migräne

Die anfallweise, häufig halbseitig auftretenden sehr heftigen Migränekopfschmerzen können Stunden bis Tage andauern. Verursacht werden Sie durch Gefäßkrämpfe und -erweiterungen im Gehirn, wie sie durch Aufregung, Anstrengung oder Verdauungsstörungen, oft auch ohne ersichtlichen Grund, ausgelöst werden. Die Anfälle kündigen sich durch Müdigkeit, erhöh-

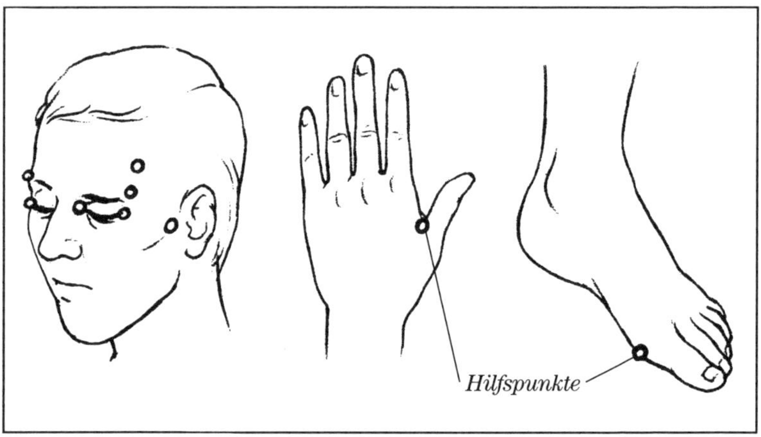

Abb. 55: Migräne

te Reizbarkeit und Flimmern vor den Augen an und gehen einher mit Übelkeit, Brechreiz, Lärmüberempfindlichkeit, Lichtscheu und Doppeltsehen, gelegentlich sogar mit flüchtigen Sprachstörungen. Neben geregelter Lebensweise, Verzicht auf Genußgifte, regelmäßiger Verdauung und Bewältigung von inneren Konflikten hilft Akupressur vorbeugend und im akuten Anfall. Zunächst pressen Sie den Daumen leicht in die Vertiefung an der Schläfe. Danach drücken Sie mit dem Zeigefinger an beiden äußeren Augenwinkeln und darüber in die Vertiefung an den äußeren Enden der Augenbrauen. Abschließend behandeln Sie die inneren Augenwinkel und die Punkte oberhalb der Kiefergelenke. Genügt dies nicht, pressen Sie seitlich an der großen Zehe oder am Gewebe zwischen Daumen und Zeigefinger der linken Hand.

Tritt trotz korrekter Pressur dieser Punkte keine Besserung ein, kann eine *Migraine cervicale* vorliegen, das sind migräneähnliche Kopfschmerzen infolge von degenerativen Veränderungen an der Halswirbelsäule. Typisch für diese Beschwerden ist ihre Abhängigkeit von den Bewegungen der Halswirbelsäule. Behandeln Sie diese Form der Migräne zusätzlich durch die Punkte, die bei Nackenschmerzen genannt werden.

Minderwertigkeitskomplexe

Jeder von uns kennt wohl das Gefühl, den Ansprüchen der Umwelt nicht immer voll gerecht zu werden, das bezeichnenderweise bei sehr intelligenten Menschen öfter als bei durchschnittlich Begabten auftritt. Durch als beeinträchtigend empfundene Lebensumstände, autoritäre und entmutigende Erziehung sowie sensible Veranlagung kann sich daraus ein

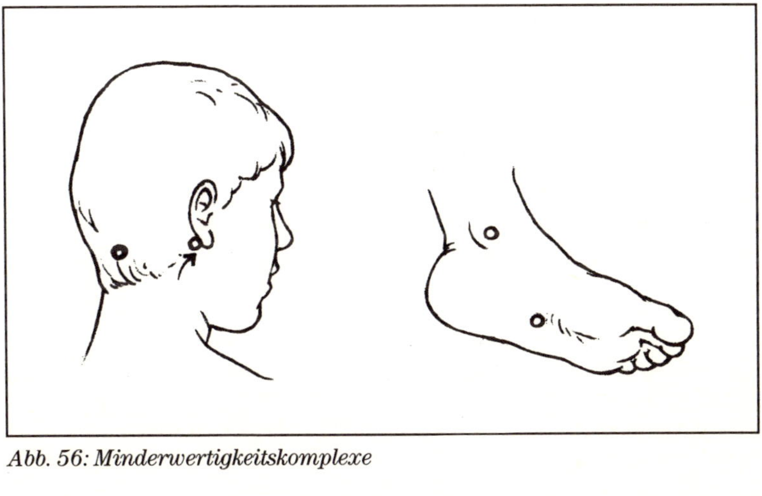

Abb. 56: Minderwertigkeitskomplexe

hemmendes, peinigendes Gefühl eigener Unzulänglichkeit entwickeln. Wird der Mensch von diesem Komplex immer mehr beherrscht, können neurotische Fehlhaltungen die Folge sein.
Mit dem Problem des Minderwertigkeitskomplexes setzt sich besonders die *Individualpsychologie* Alfred Adlers auseinander. Der Wiener Arzt war lange Zeit ein Schüler Sigmund Freuds, bis Meinungsverschiedenheiten ihn veranlaßten, sich von diesem zu trennen. Innerhalb seines Denkansatzes geht Adler davon aus, daß der Mensch, der sich unzulänglich fühlt, diese Minderwertigkeit zu kompensieren, d.h. durch besondere Leistungen auszugleichen versucht. Dies kann zu einer extremen Leistungsfähigkeit des Einzelnen führen.
Andererseits besteht die Gefahr, daß der Mensch sich permanent als nicht genügend empfindet und selbst die Kompensationsleistungen ihm nicht ausreichen, um auch einmal mit sich zufrieden zu sein.
Diesem Druck hält er nur unter dem vermeintlichen Schutz neurotischer Zwangshandlungen stand, die dazu führen können, daß er sich vor seinen Mitmenschen zu verstecken versucht, damit diese seine Unzulänglichkeit nicht »entdecken«.
Auf Dauer wird das von Minderwertigkeitsgefühlen beschwerte Leben als unbefriedigend, von Zwängen bestimmt und vereinsamend empfunden.
Insuffizienzgefühle können durch Akupressur oft schnell behandelt werden, da sich psychischer Druck immer auch als physische Verspannung äußert, die durch Pressurbehandlung erreicht und gelindert werden kann.
Es wäre aber sicher zu empfehlen, neben der Akupressur auch psychotherapeutische Hilfe in Anspruch zu nehmen, falls das Gefühl von Minderwertigkeit so stark wird, daß es einen entspannten und bereichernden Umgang mit den Mitmenschen verhindert.
Zunächst pressen Sie die Knochenvertiefung hinter dem Ohrläppchen nicht zu stark, danach die Vertiefung in Nackenmitte am unteren Ende der Schädelbasis. Schließlich reiben Sie den inneren Fußknöchel und pressen mit dem Daumen in die Mitte der Fußsohle.

Nackenschmerzen – Nackensteifigkeit

Nackenschmerzen mit krampfhaften, auf Druck meist schmerzhaften Verspannungen der Nackenmuskulatur entstehen bei rheumatischen Erkrankungen der Halswirbelsäule und infolge von Hirnhautentzündung, Hirngeschwülsten und Wundstarrkrampf.
Beim geringsten Verdacht auf eine der letztgenannten Krankheiten ist sofort der Arzt aufzusuchen; das gilt auch bei Nackenschmerzen, die über längere Zeit unvermindert anhalten.
Akupressur ist vor allem beim Halswirbel-*(Zervikal-)*Syndrom mit rheumatischen oder rheuma-

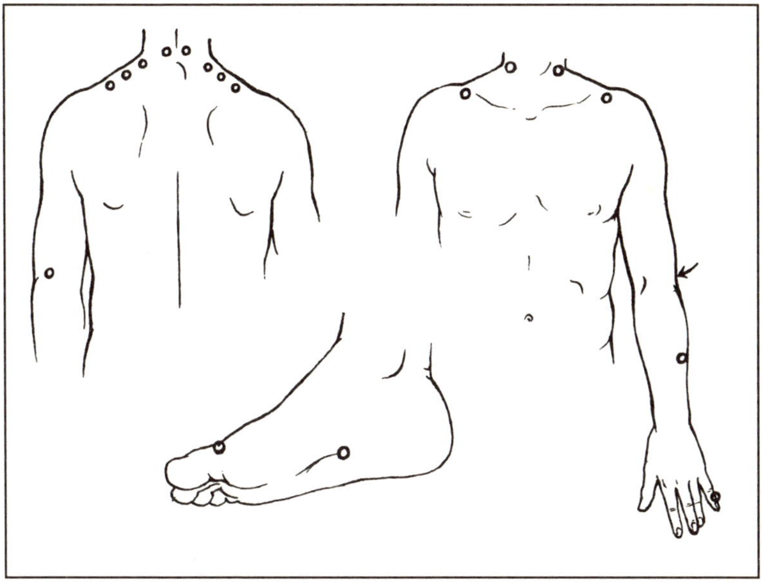

Abb. 57: Nackenschmerzen und Nackensteifigkeit

ähnlichen Schmerzen in Nacken und Schultern angezeigt. Die Schmerzen können in Arm und Hand ausstrahlen, weitere Symptome sind Verkrampfungen und Versteifungen im Nacken und Durchblutungsstörungen in den oberen Extremitäten, durch Druck und Reizung der Nervenwurzeln auch Lähmungen der Arme, Hände und Finger. Außer Halswirbelsäulenrheumatismus kommen als Ursachen auch Zugluft und ungünstige Haltung (Sekretärinnenkrankheit) in Betracht.

Gegen **Versteifungen** legen Sie zunächst den Finger auf die Stelle des Halses, die am stärksten schmerzt. Dort drücken Sie mehrmals leicht, bis der Schmerz nachläßt. Zusätzliche Punkte liegen vorne an der Schulter über dem Knochen, in der Ellbogenfalte und fünf Zentimeter tiefer seitlich außen am Ellbogen, wo die Pressur schmerzt. Jäher Schmerz nach Druck an dieser Stelle beweist, daß die Wirkung einsetzt.

Bei **Verkrampfungen** pressen Sie oben am Rücken den Schultermuskel mit dem Mittel- und Zeigefinger der jeweils entgegengesetzten Hand. Danach drücken Sie links und rechts der Nackenmitte in den Muskel, pressen gegen die Wurzel der Großzehe und schlagen mit der Faust in die Mitte der Fußsohle. Genügt dies noch nicht, behandeln Sie mit dem Daumen die schmerzempfindliche Stelle am kleinen Finger der anderen Hand etwa zwei Millimeter vom Nagelrand entfernt, drücken knapp über dem Ellbogen mit dem Zeigefinger gegen den Oberarm und massieren beiderseits zwischen Halsansatz und Schulter. Zusätzlich können Sie noch den Übergang vom Schlüsselbein zum Oberarm und die Punkte außen in der Unterarmmitte beeinflussen.

Nasenbluten
Blutungen aus der Nase entstehen oft ganz einfach durch zu heftiges Schneuzen, Nasenbohren oder durch zu trockene Nasenschleimhaut. Häufiges Nasenbluten kann aber auch Symptom von Blutgerinnungsstörungen, Gefäßerkrankungen, Leber- und Nierenleiden oder Bluthochdruck sein und macht deshalb ärztliche Untersuchung notwendig.

Im akuten Fall hilft Akupressur oft zuverlässiger und schneller als viele andere Maßnahmen der Ersten Hilfe. Beugen Sie den Kopf leicht zurück und kreisen Sie mit der Fingerkuppe am Anfang der Wirbelsäule über dem ersten Wirbelknorpel. Ersatzweise können Sie mit dem Zeigefinger die Wirbelsäule nach unten abklopfen.

Nervosität – Erregungszustände
Nervöse Fehlsteuerungen sind oft konstitutionell bedingt und finden sich besonders häufig bei sehr sensiblen oder schöpferisch hochbegabten Menschen. *Vegetative Dystonie* kann aber auch die Folge neurotischer Störungen, psychischer Krankheiten oder dauernder Überanstrengung sein. Regelmäßige Akupressur hilft zwar ausge-

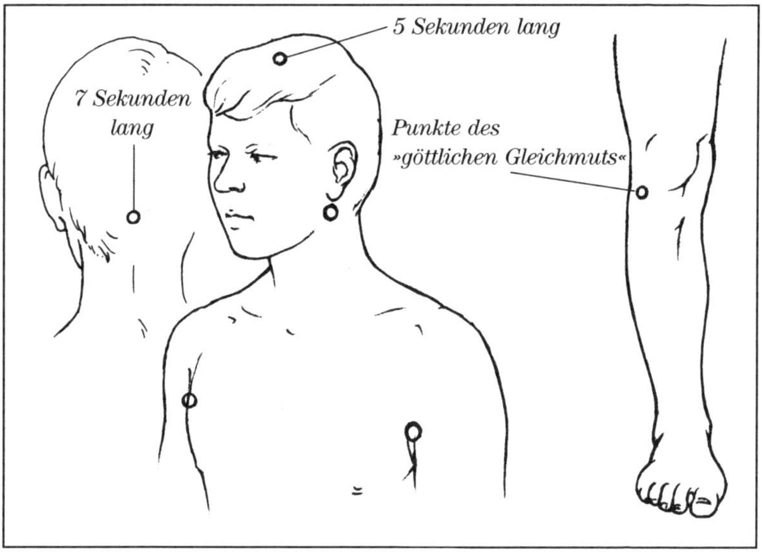

Abb. 58: Nervosität

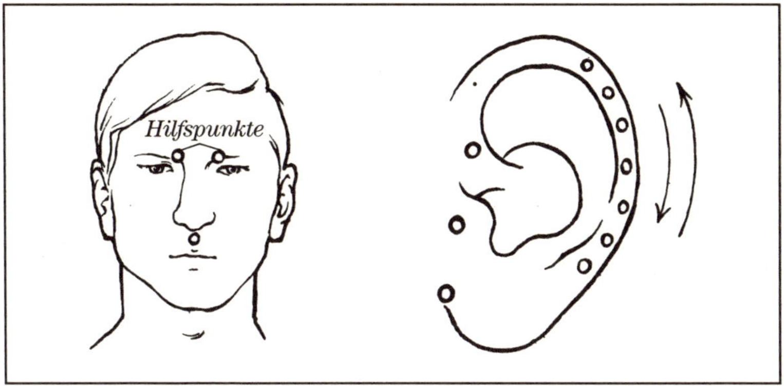

Abb. 59: Ohrgeräusche

zeichnet, kann aber bei seelischen Konflikten oder geistig-seelischen Krankheiten (Psychosen, schwere Neurosen) eine fachgerechte Behandlung nicht ersetzen.
Pressen Sie zunächst die Punkte des »Göttlichen Gleichmuts« seitlich außen unter den Kniescheiben. Danach drücken Sie fünf Sekunden lang auf die Mitte der Schädeldecke und sieben Sekunden lang am Ende der Schädelbasis in der Mitte des Nackens die dort befindliche Vertiefung. Zusätzliche Punkte liegen hinter der Kinnlade und auf der Brust vor der Achselhöhle.

Ohrgeräusche

Als Ohrgeräusche bezeichnet man Ohrensausen, -brummen, -klingeln, -rauschen oder -zischen, also im Ohr selbst entstehende Geräusche ohne entsprechende Schallwellen. Als Ursachen kommen Erkrankungen des Ohrs, Kreislaufstörungen oder Vergiftungen in Frage. Öfter auftretende Ohrgeräusche sollten Anlaß zur baldigen ärztlichen Untersuchung sein. Akupressur behandelt das Symptom Ohrensausen, ohne das ursächliche Grundleiden beeinflussen zu können.
Pressen Sie zuerst zwischen Daumen und Zeigefinger von oben nach unten und zurück den Ohrknorpelrand. Dann drücken Sie am Beginn des vorderen Randknorpels, vor dem Ohrzäpfchen und dort, wo das Ohrläppchen angewachsen ist. Reicht dies noch nicht aus, pressen Sie die Hilfspunkte am inneren Ende der Augenbrauen unter der Nase genau auf der Mittellinie zwischen Nasenbein und Oberlippe.

Orangenhaut

Die Orangenhaut wird oft als Zellulitis bezeichnet, ein falscher Begriff, da die Endung -itis in der medizinischen Fachsprache immer auf eine Entzündung hinweist, die bei der Orangenhaut regelmäßig nicht vorliegt.

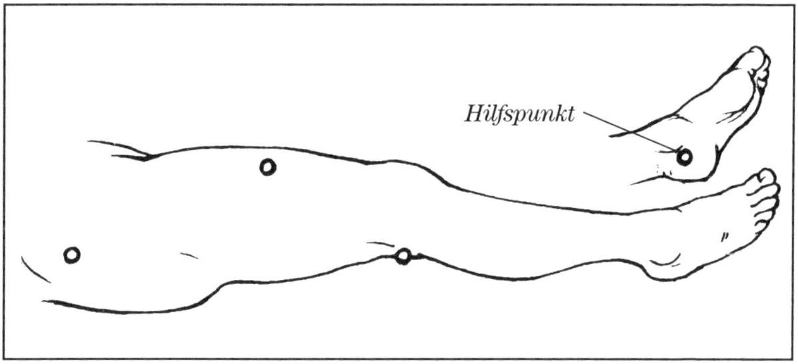

Abb. 60: Orangenhaut

Obwohl die kosmetisch sehr störende Hauterscheinung schon Mitte des 19. Jahrhunderts in der Fachliteratur beschrieben wurde, ist bis heute noch nicht bekannt, ob es sich dabei um eine Gewebedegeneration, eine Fettstoffwechsel- oder eine Hormonstörung handelt. Nach heutigem Wissen vermutet man als Ursachen Fettkammern in der Haut und eine geringfügig vermehrte Wasserbindung, die im Verein mit hormonellen Eigenarten die Orangenhaut ausmachen könnten. Für die Hormonstörung spricht beispielsweise die Tatsache, daß Männer nur selten unter Zellulite leiden, was aber auch die Folge des festeren, anders strukturierten männlichen Bindegewebes sein könnte. Zellulite kann in drei Stadien auftreten.
Im ersten Stadium wird die Orangenhaut nur im Kneiftest sichtbar, im Liegen und Stehen fehlen die typischen Hauterscheinungen. Auffällig ist die Neigung zu blauen Flecken schon nach leichtem Druck.
Das mittlere Stadium wird gekennzeichnet durch Druckschmerz und Dellen in der Haut beim Stehen, aber noch nicht im Liegen.
Beim schweren Stadium fällt im Stehen wie im Liegen die schlaffe Haut mit tiefen Dellen und derben Gewebsverdickungen auf, begleitet von Schwere- und Spannungsgefühl mit Druckschmerzen. Beim Abtasten sind körnige Strukturen festzustellen.
Einzig wirksame und bleibende Hilfe ist eine Veränderung der Eßgewohnheiten mit dem Ziel, das Idealgewicht zu erreichen und zu erhalten. Außerdem helfen zusätzlich Gymnastik, Massagen, Sauna, Schwimmen und Radfahren. Akupressur kann diese Maßnahmen wirksam unterstützen, aber in leichteren Fällen zuerst auch ohne diese versucht werden. In China ist die Orangenhaut weitgehend unbekannt, das spricht für die vorbeugende und heilende Wirkung der Akupressur.
Zuerst pressen Sie den Daumen dicht unter dem Hüftgelenk an die

Hüftgegend, dann vorne ans mittlere Oberschenkeldrittel. Dann massieren Sie hinten das Knie und drücken das Gewebe unter dem inneren Fußknöchel.

Rachenentzündung
Akute Entzündungen des Rachenraums treten oft infolge von Infektionskrankheiten der Nase und des Halses auf. Symptomatisch sind Kratzen, Brennen und Trokkenheit im Hals, Schluckschmerzen und Verschleimung. Die Schleimhaut des Rachens ist gerötet und kann mit Eiter belegt sein. Chronische Entzündungen entstehen meist als Folge chronischer Nasen- und Nebenhöhlenentzündungen oder auch durch dauernde Einwirkung von Staub, Rauch und Chemikalien.

Meist genügt es nicht, nur die Punkte gegen die Rachenentzündung zu behandeln, je nach Ursache müssen Nasen- und Nebenhöhlenkatarrhe beseitigt werden, zu trockene Heizungsluft sollte man anfeuchten, auf Nikotingenuß verzichten.
Pressen Sie mit dem Zeigefinger zunächst den Warzenfortsatz hinter dem Ohr und die Vertiefung in der Nackenmitte am Ende der Schädelbasis. Danach drücken Sie an beiden Schultern, rechts und links vom achten Brustwirbel, außen am Unterarm im oberen und mittleren Drittel und schließlich am Handgelenk. Zusätzlich können Sie mit einem Finger die Halsschlagader, mit dem zweiten darüber den Punkt am Unterkiefer behandeln.

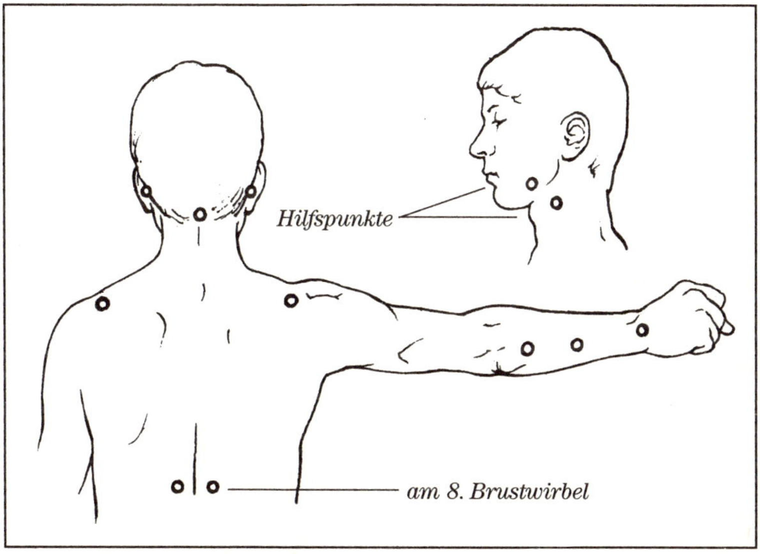

Abb. 61: Rachenentzündung

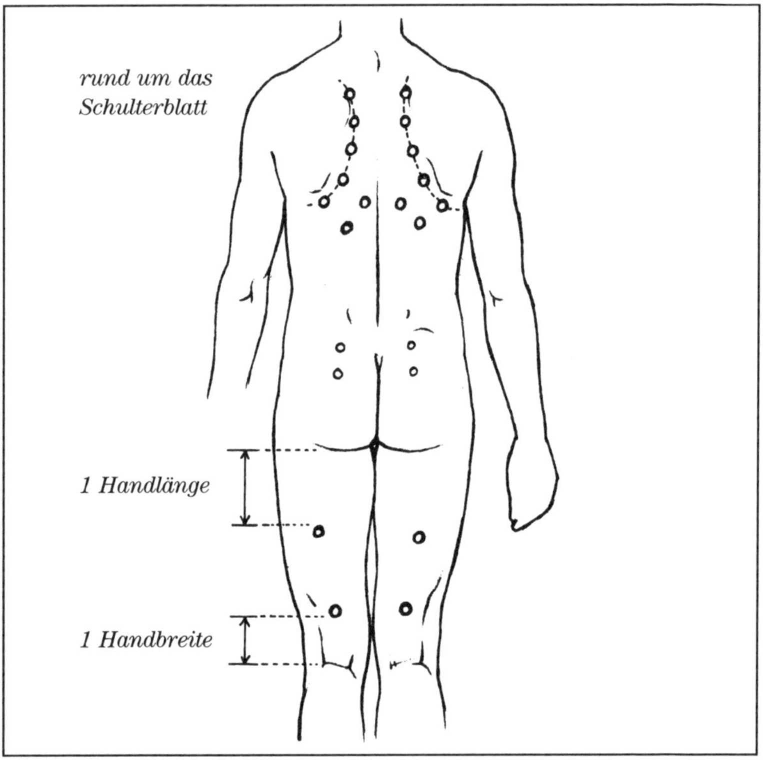

Abb. 62: Rückenschmerzen

Rückenschmerzen

Schmerzen am Rücken sind meist die Folge von rheumatischen und degenerativen Veränderungen der Wirbel oder Bandscheiben. Ferner werden sie durch Stauchungen, Prellungen, Überanstrengung und falsche Haltung verursacht. Wenn Akupressur nicht innerhalb von zwei Tagen hilft, ist ärztliche Untersuchung notwendig, damit kein tuberkulöser Prozeß, eine Rippenfellentzündung, Gallen- und Nierenleiden oder Geschwülste übersehen werden.

Zunächst pressen Sie das Gewebe rund um das Schulterblatt und hinter der Lunge. Dann behandeln Sie die Punkte in der Hüftgegend, am Oberschenkel etwa eine Handlänge unter dem Gesäß sowie eine Handbreit oberhalb der Kniekehle.

Schlafstörungen

Behinderungen des gesunden Schlafs treten als Einschlaf- und Dauerschlafstörungen oder als verminderte Schlaftiefe auf. Solche Schlafstörungen sind heute weit verbreitet, der ständige Mißbrauch

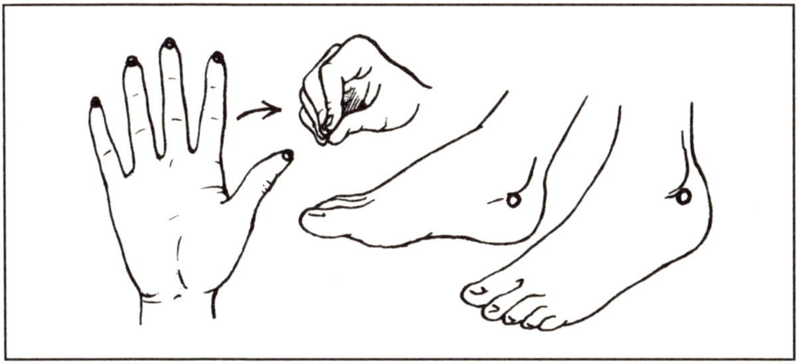

Abb. 63: Schlafstörungen

von rezeptfreien Schlafmitteln wird zum Problem, weil Dauergebrauch zur chronischen Vergiftung und Sucht führen kann. Akupressur ist den Schlafmitteln eindeutig vorzuziehen, da sie ohne Risiko auch dauernd angewendet werden kann.

Aus der Vielzahl der Ursachen der Schlafstörungen sind ständige Reizüberflutung, Lärm, Hektik, Streß, einseitige und unbefriedigende Arbeit, Bewegungsmangel und allgemein unvernünftige Lebensweise ebenso hervorzuheben wie Mißbrauch von Genußgiften, zu schweres und zu spätes Abendessen oder unbewältigte Konflikte und Sorgen. Schließlich können auch Arteriosklerose, nächtlicher stärkerer Blutdruckabfall, Schmerzen oder hohes Fieber den Schlaf empfindlich stören. Schlaflosigkeit, die auf Akupressur nicht anspricht, sollte immer ärztlich untersucht werden. Gegen gelegentliche Schlafstörungen pressen Sie an beiden Händen gleichzeitig die Daumenspitze fest gegen alle Fingerkuppen der gleichen Hand. Danach drücken Sie mit dem Daumen unter dem äußeren Knöchel, mit dem Zeigefinger unter dem inneren Fußknöchel. Diese Behandlung führen Sie zehn Minuten lang vor dem Schlafengehen durch.

Schluckauf

Schluckauf entsteht durch rhythmische, krampfhafte Zusammenziehung des Zwerchfells. Er kann mit Erbrechen verbunden sein. Die Ursache der meist harmlosen, aber lästigen Erscheinung bleibt oft unbekannt, manchmal wird bei häufigem oder länger anhaltendem Schluckauf eine Zwerchfellhernie (Bruch) oder Magengeschwulst festgestellt. Ein mehrere Stunden lang unvermindert anhaltender Schluckauf behindert Atmung und Nahrungsaufnahme und kann unbehandelt durch Erschöpfung des Kreislaufs sogar zum Tode führen. Vergessen Sie alle anderen, unsicheren Hausmittel gegen Schluckauf, und behandeln Sie mit Aku-

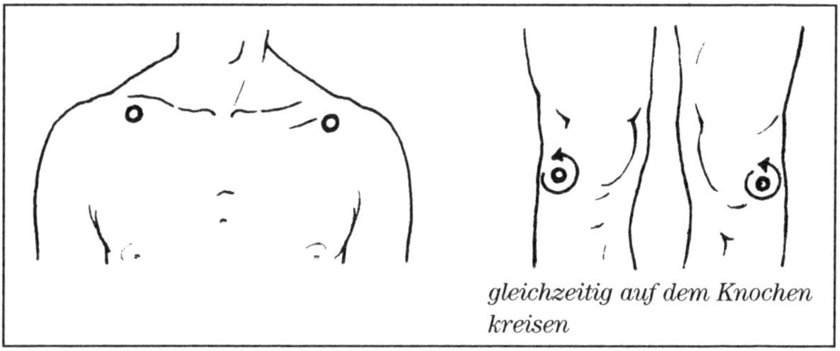

Abb. 64: Schluckauf

pressur. Zuerst lassen Sie die Fingerkuppen in den Vertiefungen seitlich außen unter den Kniescheiben rechts und links gleichzeitig auf dem Knochen kreisen. Zusätzlich können Sie seitlich unterhalb des Schlüsselbeins in die Vertiefung pressen.

Schnupfen

Schnupfen entsteht durch Virusinfektion, wobei die Erreger oft durch Zugluft oder Verkühlung begünstigt werden. Dem anfänglichen Brennen und Kitzeln in der Nase folgen rasch Niesreiz, wäßrige Sekretion und Schwellung

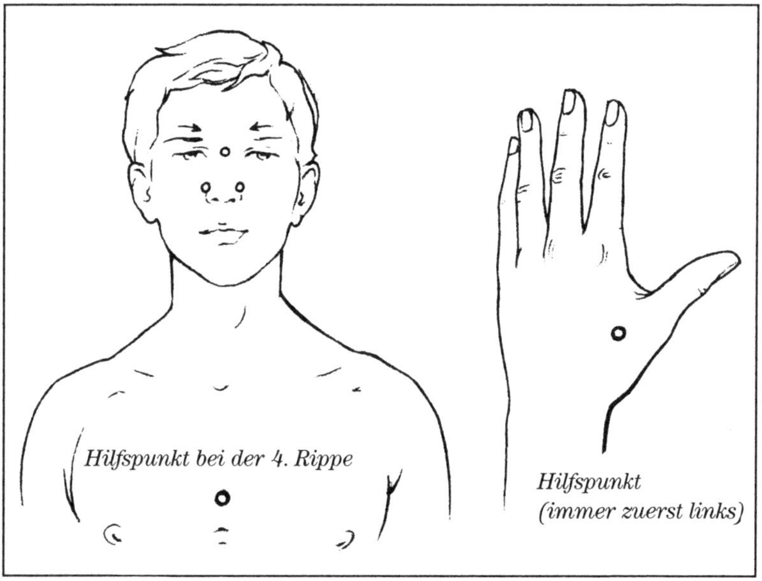

Abb. 65: Schnupfen

der Schleimhäute mit behinderter Nasenatmung. Schnupfen ist zwar eine harmlose, aber lästige Erkrankung, die von leichtem Fieber, Frösteln und Kopfschmerzen begleitet sein kann. Meist heilt der Schnupfen auch ohne medikamentöse Behandlung in sieben bis zehn Tagen ohne Komplikationen aus. Eine *Rhinitis* kann auch als Begleiterscheinung von Grippe und anderen Infektionskrankheiten auftreten oder durch Nebenhöhlen-, Hals- und Rachenentzündungen kompliziert werden.

Akupressur hilft nicht nur im akuten Krankheitsfall, sondern kann bei rechtzeitiger Anwendung den Katarrh im Keim ersticken. Setzen Sie zunächst die Fingerkuppen innen auf die Augenbrauen und massieren Sie zur Gesichtsmitte hin. Danach pressen Sie den Punkt in der Nasenflügelfalte und massieren mit Daumen und Zeigefinger die Nasenwurzel.

Genügt dies nicht, pressen Sie zwei Fingerbreit von der Hautfalte zwischen Daumen und Zeigefinger in die dort befindliche Vertiefung, immer an der linken Hand beginnend. Zusätzlich können Sie in Höhe der vierten Rippe den Zeigefinger auf das Brustbein setzen und fest massieren.

Schultergelenkrheumatismus

Die akute Entzündung des Schultergelenks beginnt mit starken Schmerzen, Schwellungen, Einschränkung der Beweglichkeit und Fieber. Immer besteht bei solchen

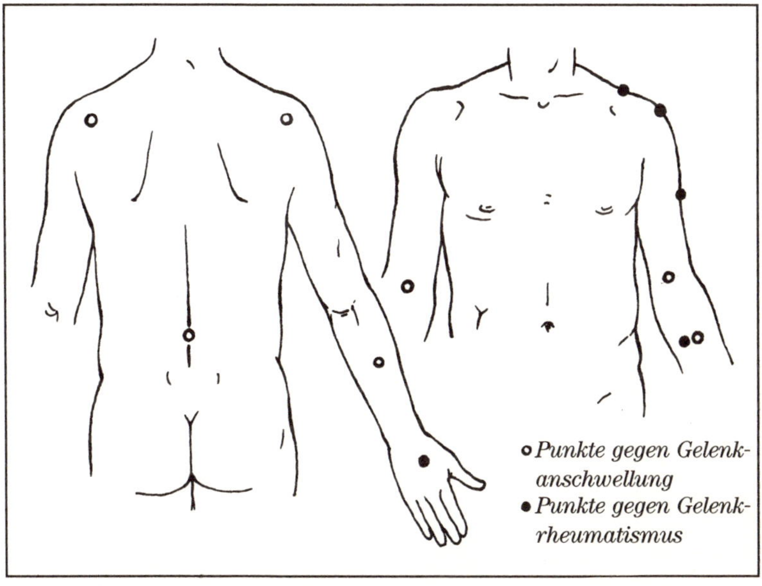

Abb. 66: Schultergelenkrheumatismus

entzündlichen Gelenkprozessen die Gefahr einer Herz- und Nierenschädigung, weshalb sie nie ohne Arzt behandelt werden sollen.
Akupressur hilft gegen die Schmerzen und gegen die Gelenkanschwellung. Pressen Sie zunächst in die am meisten schmerzende Stelle der Schulter. Dann drücken Sie in Gürtelhöhe gegen die Wirbelsäule und pressen mit dem Daumen in die Ellbogenbeuge und auf die Mitte des inneren Unterarms.
Langsam zunehmende, anfangs nur leichte Schmerzen im Schultergelenk, die ohne Fieber mit leichten Schwellungen und Knirschen im Gelenk bei Bewegungen einhergehen, sind Zeichen der Gelenkabnutzung und degenerativer Veränderungen des Gelenkknorpels *(Arthrosis deformans)*, wie sie besonders bei älteren Patienten auftreten.
Pressen Sie zunächst auf der schmerzenden Seite mit mehreren Fingern zugleich in die Mitte des Unterarms, bis ein jäher Schmerz auftritt. Dann drücken Sie die vorderste Schulterspitze oder die Schlüsselbeinspitze ebenfalls bis zum jähen Schmerz. Abschließend massieren Sie außen auf mittlerer Höhe des Oberarms oder unterhalb der Falte zwischen Daumen und Zeigefinger auf dem Mittelhandknochen.

Stuhlverstopfung

Verstopfung entsteht durch eine Dickdarmstörung, wobei Kotmassen zurückgehalten und stark eingedickt werden. Bei der verfeinerten, schlackenarmen Kost, die wir heute zu uns nehmen, kann von einer Obstipation aber noch nicht gesprochen werden, wenn die Darmentleerung nicht jeden Tag erfolgt. Auch mehrtägige Verstopfungen, etwa bei Reisen oder Kostumstellung, vergehen von allein, wenn man ballaststoffreiche Kost zu sich nimmt. Chronische Stuhlverstopfung ruft erhebliche Gesundheitsstörungen mit Appetitlosigkeit, Müdigkeit und Kopfschmerz, in schweren Fällen Stuhlvergiftung hervor. Sie sollte daher immer ärztlich untersucht werden.
Grundvoraussetzung für regelmäßige Stuhlentleerung ist, daß dem Stuhldrang auch immer ohne Verzögerung nachgegeben wird. Wenn Sie den Stuhldrang übergehen, entsteht unweigerlich eine Stuhlverstopfung. Bemühen Sie sich auch, den Darm zur regelmäßigen Entleerung zu »erziehen«, indem Sie feste Zeiten einhalten. Die dauernde Anwendung von Abführmitteln schädigt den Darm, verschlimmert das Übel und kann überdies Gesundheitsschäden bis zur Leberschädigung nach sich ziehen.
Akupressur beseitigt die Stuhlverstopfung zuverlässig und ohne jede Nebenwirkung. Pressen Sie zuerst mit dem Zeigefinger hinter dem vierten Mittelfußknochen an die Fußsohle. Dann drücken Sie unterhalb der Kniescheibe und am Anfang des Wadenbeins. Zusätzlich können Sie in Oberarmmitte,

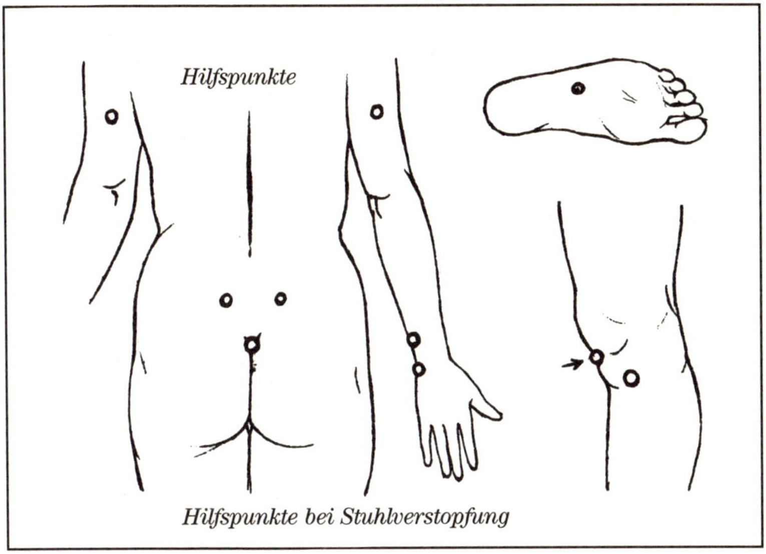

Abb. 67: Stuhlverstopfung

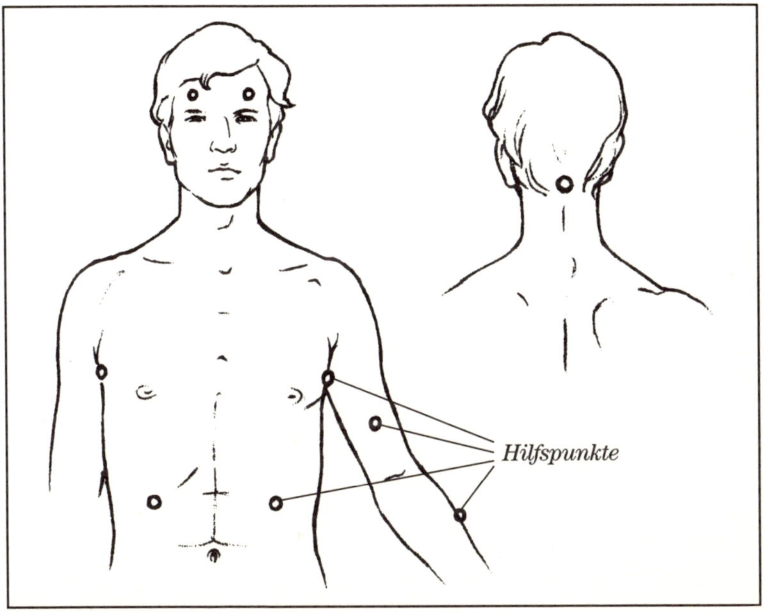

Abb. 68: Übelkeit

am Unterarm seitlich über dem Handgelenk und direkt am Handgelenk auf der Kleinfingerseite massieren oder über dem dritten Kreuzwirbel und zu beiden Seiten des fünften Lendenwirbels kräftig pressen.

Übelkeit

Als Übelkeit bezeichnet man ein unangenehmes Gefühl, das besonders in der Magengrube lokalisiert ist und mit Kopfschmerzen, Schwindel, Brechreiz und Benommenheit verbunden sein kann. Sie entsteht durch Gifte, Hirnblutleere, schlechte Luft, rhythmische Bewegungen, wie sie auf Reisen auftreten, aber auch durch psychische Faktoren wie Ekel und Abscheu. Dauernde Übelkeit kann Symptom chronischer Vergiftungen, Blutarmut, Gehirnkrankheiten oder Infektionen sein und sollte alsbald ärztlich untersucht werden.

Vorübergehende Zustände von Übelkeit behandeln Sie durch Pressur folgender Punkte: Pressen Sie den Zeigefinger oberhalb der Augenbrauenmitte auf die Stirn. Dann suchen Sie in Nackenmitte die Vertiefung am Ende der Schädelbasis, die mehrmals kräftig gedrückt wird. Zusätzliche Punkte, durch deren Pressur man Linderung der Übelkeit erreichen kann, liegen in der Achselhöhle, am unteren Brustkorbrand seitlich außen über dem Nabel, am mittleren Oberarmdrittel und in der Unterarmmitte außen.

Verkrampfungen

Krampfhaft gesteigerte Spannung der gesamten Muskulatur oder einzelner Muskelabschnitte ist oft die Folge falscher seelischer Einstellungen, von Neurosen, Streß oder Nervosität. Körperliche Ursachen sind Magnesium- und Kalziummangel, wie er infolge von Schäden der Nebenschilddrüsen, bei Vitaminmangelzuständen, oft aber aus ungeklärter Ursache entsteht. Auch zu heftige Atmung bei Erregung oder Angst führt zu Krämpfen. Muskelhartspann entsteht nach längerer, unnormaler Haltung, Überanstrengung oder Verkühlung. Krampfanfälle, die bis zu epilepsieähnlichen Symptomen gesteigert sein können, bedürfen selbstverständlich ärztlicher Untersuchung. Auch Krämpfe durch Elektrolytmangel sollen vom Arzt kontrolliert werden, ehe das Fehlen von Magnesium oder Kalzium auch den Herzmuskel ernsthaft in Mitleidenschaft zieht.

Andere Verkrampfungen einzelner Muskelpartien sprechen auf Akupressur gut an.

Zunächst drücken Sie kreisend die Vertiefung in der Nackenmitte am Ende der Schädelbasis. Dann suchen Sie seitlich davon rechts und links die druckempfindlichen Knoten am Schädel, die ebenfalls kräftig gepreßt werden. Abschließend beugen Sie den Kopf vor und streichen den Nacken hinab Richtung Schulter.

Wadenkrämpfe treten besonders häufig bei Überanstrengung und Abkühlung auf, beim Schwimmen

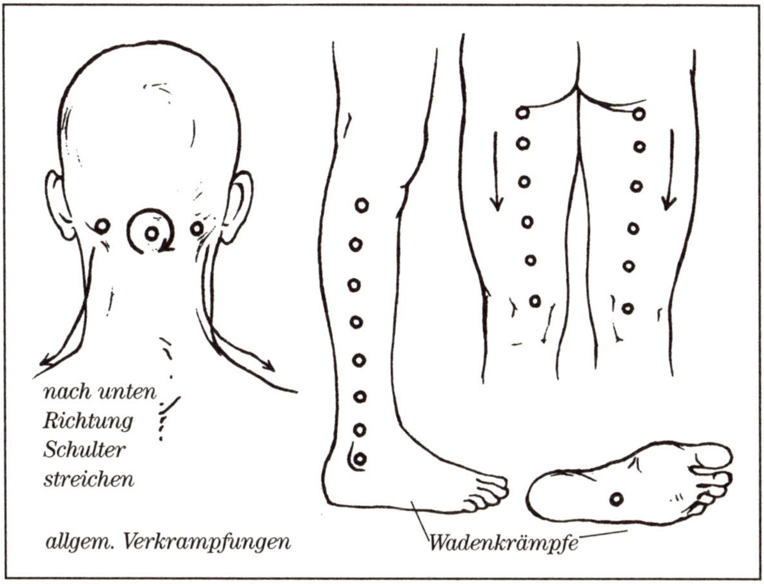

Abb. 69: Verkrampfung

können Sie durch einen Wadenkrampf in Lebensgefahr kommen. Häufige Wadenkrämpfe sind symptomatisch für Magnesium- oder Kalziummangel. Andere Ursachen sind Fieber, Nervenleiden oder Kreislaufstörungen. Sie sollten immer den Arzt aufsuchen, wenn Sie zu Wadenkrämpfen neigen.

Akute Krampfanfälle in der Wadenmuskulatur können durch Akupressur rasch beendet werden. Pressen Sie an beiden Beinen ab dem unteren Gesäßrand den Oberschenkel abwärts bis zur Kniekehle. Danach behandeln Sie außen am Unterschenkel die Punkte vom Knie bis zum äußeren Fußknöchel. Abschließend drükken Sie bei gestrecktem Bein in die Mitte der Fußsohle.

Zahnschmerz

Zahnschmerzen entstehen, sobald ein Zahndefekt in Richtung Zahnmark fortschreitet. Wenn der Zahnschmelz durchbrochen ist, führen Reize wie süß und sauer oder warm und kalt zu rasch wieder abklingenden Schmerzen. Bei oberflächlichen Markentzündungen treten erste Spontanschmerzen von kürzerer Dauer auf; ist das Zahnmark erst total entzündet, hören die Schmerzen nicht mehr auf.

Nur frühzeitige Sanierung des Zahndefekts kann den Zahn retten. Deshalb muß der Zahnarzt bald aufgesucht werden, sobald erste Schmerzen auftreten. Akupressur ist zur Schmerzlinderung nur erlaubt, bis der Besuch beim Zahn-

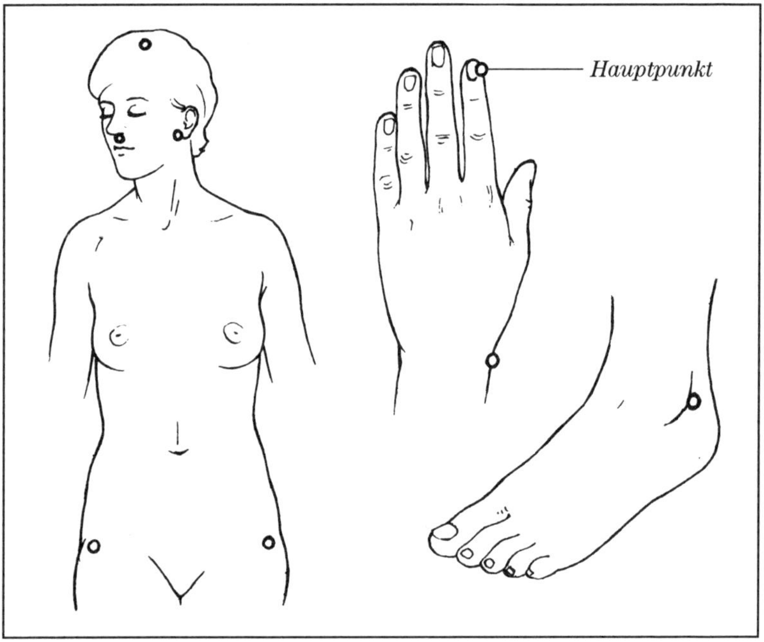

Abb. 70: Zahnschmerz

arzt möglich ist, beispielsweise in der Nacht, an Wochenenden oder während der Arbeitszeit. Zweimal im Jahr sollten Sie den Zahnarzt ohnehin zur Kontrolluntersuchung aufsuchen.

Zur Schmerzlinderung pressen Sie am Zeigefinger rechts außen neben dem Nagel mit dem Daumennagel der anderen Hand, bis es kräftig schmerzt. Ersatzweise können Sie in der Mitte des Schädeldachs oder vor dem Ohrläppchen drücken. Weitere Hilfspunkte befinden sich am Oberschenkel vor der Hüfte, auf der Daumenseite über dem Handgelenk, hinter dem äußeren Fußknöchel und in der Mittellinie zwischen Nasenbein und Oberlippe.

Register

Fit forever
Körpergerechte Trainingsprogramme für Spaß und Wohlbefinden
Von M. Sauer, J. Schuhn – 112 S., kart., zahlr. Fotos, durchg. vierfarbig.
ISBN: 3-8068-**1602**-6
Preis: DM 19,90; öS 148,–; sFr. 19.90

Übungen zur Verbesserung von Ausdauer, Kraft und Beweglichkeit nach aktuellsten Forschungsergebnissen aus der Sportmedizin. Jeder kann ohne Risiko mittrainieren und sich „fit forever" halten.

Aktiv und gesund
Wirbelsäulengymnastik
Von L. Keller – 40 S., kart., 109 Farbfotos, 8 Ausklapptafeln.
ISBN: 3-8068-**1246**-2
Preis: DM 29,90; öS 220,–; sFr. 29.90

Rückentraining und Wirbelsäulengymnastik stärken das Rückgrat. Dieses Buch gibt praktische Anleitungen für korrekte Körperhaltung, gesunden Freizeitsport und beinhaltet wirkungsvolle Übungsprogramme.

Aktiv und gesund
Fitneßtraining
Von M. Schreiber – 32 S., Spiralbindung, 84 Farbfotos.
ISBN: 3-8068-**1245**-4
Preis: DM 29,80; öS 220,–; sFr. 29.90

Das Buch bietet ein maßgeschneidertes Trainingsprogramm für Frauen, die zu Hause und ohne großen Geräteaufwand etwas für Figur und Gesundheit tun wollen.

Aktiv und gesund
Aerobics
Von M. Freytag-Baumgartner – 44 S., Spiralbindung, 84 Farbfotos, 8 Ausklapptafeln.
ISBN: 3-8068-**1421**-X
Preis: DM 29,90; öS 220,–; sFr. 29.90

Mit Low-Impact, High-Impact und Step-Aerobic werden die wichtigsten Trainingsformen dieser beliebten Gymnastikart ausführlich in Wort und Bild dargestellt.

Bodybuilding für Frauen
Von E. Wanghofer – 88 S., kart., zahlreiche Abbildungen.
ISBN: 3-8068-**1510**-0
Preis: DM 12,90; öS 95,–; sFr. 12.90

Auf dem Weg zur Idealfigur kann Bodybuilding eine wertvolle Hilfe sein. Das Buch stellt speziell für Frauen geeignete Übungsprogramme vor.

Fit und gesund
Von S. Starischka, F.-J. Bredel – 112 S., kart., durchgehend vierfarbig.
ISBN: 3-8068-**1555**-0
Preis: DM 19,90; öS 148,–; sFr. 19.90

In diesem Buch zeigen renommierte Sportwissenschaftler, wie man mit Hilfe von Heimtrainingsgeräten fit und gesund bleibt. Professionelle Trainingsprogramme geben wertvolle Anregungen für Anfänger und Fortgeschrittene.

Astrologie

Der mutige Widder

Von G. Haddenbach – 84 S., geb.,
36 Farbfotos, durchgehend vierfarbig.

ISBN: 3-8068-**1531**-3

Preis: DM 14,90; öS 110,–; sFr. 14.90

Weitere Titel aus dieser Reihe:

1532-1 Der hilfsbereite Stier
1533-X Die beschwingten Zwillinge
1534-8 Der gefühlvolle Krebs
1535-6 Der großzügige Löwe
1536-4 Die vernünftige Jungfrau
1537-2 Die harmonische Waage
1538-0 Der gesellige Skorpion
1539-9 Der optimistische Schütze
1540-2 Der strebsame Steinbock
1541-0 Der phantasievolle Wassermann
1542-9 Die liebenswerten Fische

Die 12 Sternzeichen

Von G. Haddenbach – ca. 144 S.,
kart., erscheint November 1995.

ISBN: 3-635-**60032**-6

Preis: ca. **DM 12,90;** öS 95,–; sFr. 12.90

Das kompakte Fachbuch mit vielen Übersichten zum schnellen Nachschlagen.

Alles übers Horoskop

Von B. A. Mertz –
176 S., kart., 25 Zeichnungen.

ISBN: 3-8068-**0655**-1

Preis: DM 9,90; öS 73,–; sFr. 9.90

Das Buch zeigt, wie der Astrologe die Sterne deutet und seine Horoskope erstellt.

Chinesisches Horoskop

Von G. Haddenbach – 88 S., kart.

ISBN: 3-635-**60006**-7

Preis: ca. **DM 9,90;** öS 73,–; sFr. 9.90

Das Buch präsentiert alles Wissenswerte rund um die fernöstlichen Sternzeichen und ermöglicht mit einem immerwährenden chinesischen Horoskop einen Blick in die Zukunft.

Wahrsagen mit Karten

Von R. Koch – 80 S. kart.

ISBN: 3-635-**60004**-0

Preis: DM 9,90; öS 77,–; sFr. 9.90

Alles über die Bedeutung der Karten und die Auswirkung der Begleitkarten. Anhand zahlreicher Auslagenbeispiele wird erklärt, wie man Schicksal und Zukunft voraussagt.

Tarot

Von B. A. Mertz –
112 S., kart., 28 Zeichnungen.

ISBN: 3-8068-**1227**-6

Preis: DM 9,90; öS 73,–; sFr. 9.90

Faszination Tarot: Richtig gedeutet, eröffnen die 22 Karten Einblicke in oftmals verborgene Begabungen und helfen, sich selbst besser zu verstehen.

FALKEN

Mensch und Gesundheit

Autogenes Training
Von P. Kruse, B. Pavlekovic, K. Haak – 118 S., kart., durchgehend zweifarbig.
ISBN: 3-8068-**1278**-0
Preis: DM 24,90; öS 185,–; sFr. 24.90

In diesem Buch wird der Wechselwirkung zwischen Körper und Seele ebenso breiter Raum gewidmet wie den Basisübungen des autogenen Trainings. Dieses Grundwissen wird anhand verschiedener Alltagssituationen in die Praxis umgesetzt.

FALKEN VIDEO
TELE-Rückenschule
VHS, ca. 60 Minuten, in Farbe, mit Begleitbroschüre
ISBN: 3-8068-**6108**-0
Preis: DM 49,95; öS 399,–; sFr. 49.90 (unverbindliche Preisempfehlung)

Dieser Videokurs gibt zahlreiche Vorsorgetips und zeigt mit speziellen Übungsformen das Training der vernachlässigten Rückenmuskulatur. So wird die Haltung sichtbar verbessert, und mit dem Schutz vor neuen Rückenschmerzen geht eine Steigerung des Selbstbewußtseins einher.

Blütentherapie nach Dr. Bach
Von I. Wenzel – 104 S., kart., durchgehend zweifarbig.
ISBN: 3-635-**60019**-9
Preis: ca. **DM 12,90**; öS 95,–; sFr. 12.90

Das Buch informiert über die erstaunlichen Wirkungsweisen verschiedener Blüten und zeigt die vielfältigen Einsatzmöglichkeiten bei der Behandlung.

Qigong. Hilfen für den Alltag
Von L. U. Schoefer – 96 S., kart., durchgehend vierfarbig, 140 Fotos, 15 Zeichnungen.
ISBN: 3-8068-**1316**-7
Preis: DM 19,90; öS 148,–; sFr. 19.90

Qigong ist eine chinesische Bewegungs- und Atemtherapie, die es leicht macht, in der Hektik unserer Zeit zu mehr Ruhe, Gelassenheit und Gesundheit zu finden.

Aromatherapie
Gesundheit und Entspannung durch ätherische Öle
Von K. Schutt – 96 S., kart., 40 zweifarbige Abbildungen.
ISBN: 3-8068-**1131**-8
Preis: DM 14,90; öS 110,–; sFr. 14.90

Alles über bewährte Heilkräuter und Essenzen sowie ihre Wirkung auf Körper und Psyche. Anleitungen zum Sammeln, Anbauen und Lagern der Pflanzen. Die Rezepturen ermöglichen es, Duftöle selbst herzustellen. Mit vielen Tips zum Kochen mit natürlichen Aromen.

FALKEN